数釣りから夢のビッグワンまで

# コイ釣り場特選ガイド

北海道～九州80ヵ所以上の釣り場解説＆ねらい方を詳解！

つり人社書籍編集部　編

つり人社

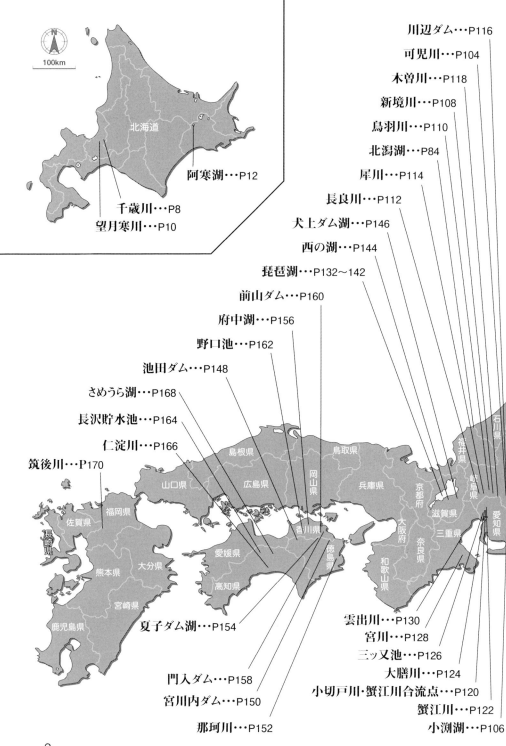

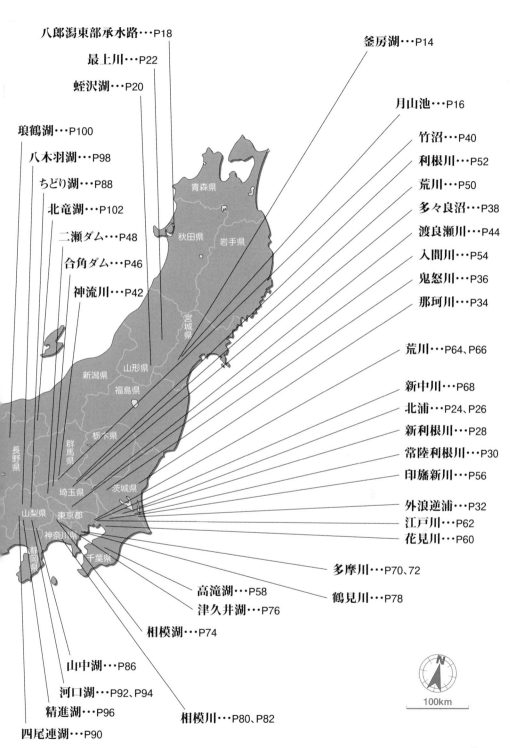

# 目次

## 北海道地方
### ●北海道
- 千歳川　8
- 望月寒川　10
- 阿寒湖　12

## 東北地方
### ●宮城県
- 釜房湖　14
- 月山池　16
### ●秋田県
- 八郎潟東部承水路　18
### ●山形県
- 蛭沢湖　20
- 最上川　22

## 関東地方
### ●茨城県
- 北浦①　24
- 北浦②　26
- 新利根川　28
- 常陸利根川　30
- 外浪逆浦　32
- 那珂川　34
- 鬼怒川　36
### ●群馬県
- 多々良沼　38
- 竹沼　40
- 神流川　42
### ●埼玉県
- 渡良瀬川　44
- 合角ダム　46
- 二瀬ダム　48
- 荒川①明戸駅付近　50
- 利根川　52
- 入間川　54
### ●千葉県
- 印旛新川　56
- 高滝湖　58
- 花見川　60
### ●東京県
- 江戸川　62
- 荒川②小松川大橋　64
- 荒川③西新井橋〜千住新橋　66
- 新中川　68
- 多摩川①ガス橋　70
- 多摩川②六郷　72
### ●神奈川県
- 相模湖　74
- 津久井湖　76
- 鶴見川　78
- 相模川①馬入ふれあい公園　80
- 相模川②東名高速下　82

## 中部地方

### ●福井県
- 北潟湖　84

### ●山梨県
- 山中湖　86
- ちどり湖　88
- 四尾連湖　90
- 河口湖①　92
- 河口湖②　94
- 精進湖　96
- 矢木羽湖　98

### ●長野県
- 琅鶴湖　100
- 北竜湖　102

### ●岐阜県
- 可児川　104
- 小渕湖　106
- 新境川　108
- 鳥羽川　110
- 長良川　112
- 犀川　114
- 川辺ダム　116

### ●愛知県
- 木曽川　118
- 小切戸川・蟹江川合流点　120
- 蟹江川　122
- 大膳川　124
- 三ツ又池　126

## 関西地方

### ●三重県
- 宮川　128
- 雲出川　130

### ●滋賀県
- 琵琶湖①南湖東岸　132
- 琵琶湖②琵琶湖大橋北（東岸）　134
- 琵琶湖③湖北　136
- 琵琶湖④東岸・彦根ビューホテル前
  ～矢倉川河口　138
- 琵琶湖⑤東岸・彦根港周辺　140
- 琵琶湖⑥東岸・犬上川河口ほか　142
- 西の湖　144
- 犬上ダム湖　146

## 四国地方

### ●徳島県
- 池田ダム　148
- 宮川内ダム　150
- 那珂川　152
- 夏子ダム湖　154

### ●香川県
- 府中湖　156
- 門入ダム　158
- 前山ダム　160
- 野口池　162

### ●高知県
- 長沢貯水池　164
- 仁淀川　166
- さめうら湖　168

## 九州地方

### ●福岡県
- 筑後川　170

## ザ・シーズナルパターン
- 河川編　172
- ダム湖編　177
- 山上湖編　181

## 押さえておきたい基本のリグ例
- ノーマルヘアリグ　185
- KDリグ　187
- ブローバックリグ　188
- レッドコアの作り方　190

釣り場ガイド筆者一覧　191

ブックデザイン　佐藤安弘（イグアナ・グラフィックデザイン）
地図製作　石井正弥・北圃　青
編集協力　山本和由

# 『コイ釣り場特選ガイド』について

　本書に収載した釣り場ガイドは、"コイ釣り NEW スタイルマガジン"を標榜したカープフィッシング専門誌『Carp Fishing』(つり人社)の「この春(・夏)注目のカープフィールド」「この秋(・冬)注目のカープフィールド」(2008〜2016)から選抜したものです。

　「この春(・夏)」または「この秋(・冬)」と題してあるとおり、基本的にはそれぞれの季節を軸におすすめの釣り場として筆者が各釣り場を紹介・解説しています。

　文末には記事の初出年と季節、執筆者が分かるように、(2016秋・○○)等のクレジットを記載しました。

　また、一部『Carp Fishing』の別記事、月刊『つり人』「関東周辺HOT情報」からのアレンジを含みます。こちらも文末にその旨が分かるように初出を記載しています。

　釣り場情報のほかに、巻末にはフィールド別(河川、ダム湖、山上湖)シーズナルパターン、基本のリグの解説頁も設けました。あわせてご利用ください。

**お断りとお願い**

　本書の情報は、基本的に初出時のものです。単行本化にあたって釣り場の選別のほか、遊漁料、コンビニや売店、駐車場など、可能な範囲で見直しを行ないましたが、現場での釣りの可否を含め、あらかじめ本書に収載した情報のすべてを保証するものではありません。また近年はゲリラ豪雨や台風等の自然災害により、釣り場環境が大きく変化したり、損なわれたりすることも珍しくありません。

　釣行の際は、必ず事前に最寄の釣具店や漁協等で現状をご確認ください。

　万が一、目的の釣り場が釣り禁止等になっていた場合は、必ず現場の情報・指示に従ってください。

　また、釣り場ではルールや釣り人としてのマナーを守り、地元住民に迷惑をかけることのないように心がけ、他の釣り人やアウトドアレジャーの方とフィールドを分け合いながら、釣りをお楽しみください。

(つり人社書籍編集部)

# タイプの違う魚を釣る楽しみ
# 千歳川 北海道江別市

**概要**

　千歳川は支笏湖に端を発し、北海道のほぼ中央にある石狩平野を縦走し、石狩川に流れ込む全長108kmの一級河川である。秋にはサケの遡上があるため、サケ・マス類は禁漁河川となっている。

　魚種がきわめて豊富な河川で、上流ではヒメマス、ニジマス、ブラウントラウト、アメマスなどのマス類、中・下流ではコイ、ウグイ、マブナ、ヘラブナ、ワカサギ、タナゴ、イトヨ、カジカ、ヨシノボリ、そして、サケ、カラフトマス、変わったところではヌマガレイ（カワガレイ）やヤツメウナギまで生息している。非常に個性的な河川である。

　釣れるコイは60cm台がアベレージで、70cm台がチラホラ、まれに80cm台と、決して大もの河川ではない。

　しかし、千歳川居着きのコイと、石狩川本流から入ってくるコイがいて、体型、体色、釣り味等が全く異なり、バラエティーに富んでいる。特に石狩川本流から入ってくる魚は強い流れで鍛えられており、体型も野性的で非常に引きが強く、70cm台でも取り込みに苦労させられることが多い。

　種類、釣り味など、非常に魅力的なフィールドといえよう。ビギナーから、ベテランまで楽しめる釣り場である。

　釣期は、おおむね6月中旬～11月上旬までである。6月は水温が15℃を超えるまでは雪代による濁りが強く釣りにならない。11月は水温が10℃を割ると極端に食いが落ちる。釣りの盛期は7～10月である。

　エサは、基本的には市販のコイ用配合エサならどれを選んでもまずアタリはもらえるだろう。しかし、ボイリーに関しては、まだエサ慣れしていないためか、アタリが遠いようだ。麦茶をそのまま1～2パック加えるとアタリが多いので、ぜひ持参したい。

ポイント1　護岸され、足場のよい釣り場

ポイント2の開けたほうの釣り座

### アクセス

R12を札幌から旭川方面へ。王子製紙の工場が左手に見え、新江別橋を渡ると右手に河川防災センターが現われる。釣り場はそのすぐ下と、未舗装の道を右手に進んだ先。

### その他

サオ数、エサなどの制限はない。プレジャーボートが行き来するが、コイも慣れているせいか、影響はない。釣り場は吸い殻一つない綺麗な状況、お互い気をつけてコイも釣り場も大事にしたい。

## ポイント1 防災ステーション前

非常に足場のよい、釣り公園といえるような場所だ。比較的大型の調査船が横付けできるように、足元から3～4mと深く掘ってあり、流心に向けて傾斜になっている。底はおおむね泥底である。

ポイントは、ごく手前から、流心に向かって10～15m。チョイ投げのほうがよいだろう。水深は2～3m。

釣れるコイのサイズは50～60cm。

川に向かって右側の柳の下辺りに沈み根があり、その周りは非常にアタリが多い。しかし、魚が掛かるとすぐに潜られることを覚悟しなくてはならない。

## ポイント2 石狩川合流点

釣り座は2ヵ所ある。

やや足場は悪いがアタリの多い、好ポイントである。周辺は2m前後の水深で、岸から20m程度投げるのがよいだろう。

ポイント2の林の中の釣り座

仕掛けが着底したら、少し底を引きずると、サオ先が1本くらい入る大きなカケアガリを感じることができる。ビギナーにも分かりやすいポイントといえる。

林の中にも少し開けた場所があって、1人なら充分、釣りができる広さがある。

合流点に向かう水流が複雑にぶつかり合い、離岸流を発生させる。これを見つけられれば、釣果は保証されたようなものだ。

早ければ、投入後5分で60cm台以上が当たってくれるはずだ。

どちらのポイントも、暑くても寒くても、流れと同じ向きの南風がベストである。流れと向きが逆の北風の時は極端に食いが落ちる（2013秋・吉川）。

## 小河川でスレゴイと勝負
# 望月寒川 北海道札幌市

**概要**

　雄大な北海道には美しい山に囲まれたダムや湖が点在し、そのほとんどが未開拓のフィールドだ。コイ釣りファンとしては開拓に熱を入れていきたいところだが、北海道にはヒグマという恐ろしい存在があることを忘れてはならない。

　自然に囲まれた場所を下手に開拓するのは命取りになる。ましてやダンゴやボイリーなどの匂いのあるエサを使って同じ場所に居座るコイ釣りとなればなおさらだ。

　そこで北海道らしい綺麗なフィールドから一旦目を離し、町中や平地にある小さなポイントに目を向けてみてはどうだろう。たとえば札幌市内にある望月寒川は本当に小さく細い川だが、こんな所にも元気なコイが泳いでいる。

　望月寒川は「も・つきさむがわ」と読み、「も」はアイヌ語で「小さい」を意味する。その名のとおり札幌市内を細々と流れ、下流で少し大きい月寒川と合流する。

　あまりにも小さく浅いため、釣りができるのはその合流点から上流2km以内となるが、今回はその狭い範囲で月寒川から出入りするコイをねらう釣りを紹介したい。

**合流点下流**

　ポイント紹介というにはあまりにも単純だ。月寒川との合流点から上流へ歩いて、その日一番コイが溜まりやすい場所を見つければよいのだ。

　どこも水深は2mもない。朝方そっと川をのぞくと、足もとの水深数十センチというところに数尾のコイが背中を出しながらエサを探しているのが見える。そんな場所をいくつかマークして、コイの出入りが一番多そうだと判断した場所でサオをだせばよい。

　たとえば川岸が削れて、ワンド状になり水流に淀みができている所は要チェックだ。意外と流れが強く増水も起こすため地形の変化が見られる。

　また所々水中にブロックが沈んでいたり、水草が生えていたりねらいどころはたくさんある。底探りなどしなくてもすべて

月寒川との合流点

ワンド状で水流に淀みができている所は要チェック

### アクセス
道央自動車道・札幌 IC を下りてすぐ。

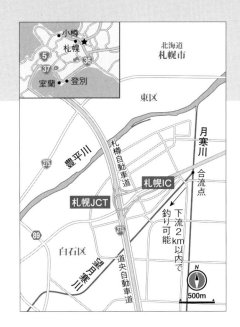

肉眼で見えてしまう。全体的に足場もよいので、ゆっくりと上流へ歩きながら偏光グラスなどを使って観察するとよい。

コイの警戒心はかなり強い。魚が見えるからといって、岸際に立ってパンプカなどをしても相手にされないことが多い。魚が見えるということは魚からも人が見えているのだ。基本的にはブッコミでの待ち伏せスタイルで、センサーなどを使って釣り場から離れて静かに待つようにするとよいだろう。

コイが溜まっているポイントで直接釣りをすると警戒されたり、1尾目をヒットさせたりした時点で散ってしまうので、ポイントからやや外れた場所に仕掛けを入れ、ポイントに入ってくるコイをねらうと数を出しやすい。釣り場での作業は抜き足差し足で、不意に川面をのぞいたりしないこと。

エサや仕掛けに関しても、まずコイの警戒心を意識して考えるべきだ。たとえば過度のフィーディングや大きく硬い食いにくいエサは避ける。サッと食ってサッと帰れるエサをイメージする。

私は軟らかいスイートコーンや10mmサイズのボイリーを少量撒いて、そのなかにクワセを置くスタイルで釣っている。ウグイが多いため生エサや集魚効果の高いエサを使うには注意が必要だ。

仕掛けに関してはなるべくシンプルにして、寄ってきたコイが不自然に思わないようにオモリをカモフラージュカラーにしたり、落としオモリを使ってラインを沈めるなど、払える注意は払うに越したことはない。

狭いうえに流れが強いことが多いため、ヒットがあれば流れに乗って一気に走るファイトが楽しめる。コイのサイズは40〜60cmが多く、70cmオーバーが釣れれば満足してよい。

過去に90cmクラスも出ているようだが、ここで80cmオーバーを出せればすごいことだ。何より警戒心の強いコイをいかにして効率的に釣るかというところに面白さがある。

肉眼でコイの姿を観察することもでき、このような川で釣りをすることはこれからのいかなる釣りにも役立てられる何かを得られるはずだ（2015 秋冬・安田）。

センサーなどを使って釣り場から離れて静かに待つようにするとよい

# マス王国で美ゴイ
# 阿寒湖 北海道釧路市

### 概要

　釣り場説明の前に、北海道の気候を踏まえながら湖の概要を説明したい。阿寒湖は、面積13.28km²、周囲30km、最大水深45mのカルデラ湖。マリモで有名なのは皆さんもご存じだろう。

　冬期は雪と厚い氷に閉ざされ、4月下旬の砕氷船の運航から一気に春が訪れる。禁漁明けの5月中旬には巣離れが始まり、湖岸の浅場を中心に、あらゆるポイントでコイのハネが見られるようになる。

　この時期の水温は8～10℃といったところだろうか。ただこの時期はコイだけではなく、あらゆる魚がいっせいに動き出し、7月中旬の夏の水温上昇まで魚種を問わず釣り期が続く。北海道はマス釣り王国。阿寒湖もルアーフィッシングファンやフライフィッシングファンが数多く訪れ、湖岸で立ち込んでいる姿をよく見る。

　本格的にコイが釣れるのは、水温15℃から。そのような状況を踏まえ、ここから具体的なポイントの概要を説明したい。

### ポイント1

　ここは典型的なコイ釣り場になっていて、コイ釣りの記述や釣り場の説明によくある要素や条件が揃っている第1級のポイントだ。

　釣り座まで車の乗り入れ、横付けはできないが、ポイントまでは担ぎ込みで50m。楽にエントリーできる。

　正面に雄阿寒岳が見え、さながら富士五湖の河口湖のようだ。ロケーションは申し分なく、サオをだしていて爽快だ。湖岸はわりと開けており、足もとには砂地が広がり、安全に釣りが楽しめる。

　湖岸はワンドになっている。阿寒湖の釣り場全般に共通していえるのだが、ここも遠浅な地形で水深は1～7m。沖に向かって緩やかに深くなっていく。底は砂地で水草も一帯に広がっている。カカリもなく、湖

釣り場正面に雄阿寒岳。まるで富士五湖のロケーション

硫黄山川の流れ込み。正面から左にワンドが広がっている

### アクセス

道東自動車道・足寄ICを下りて、足寄町より湖畔まで60km。

岸にはヨシ原がある比較的釣りやすい場所。

そこへ、硫黄山川という水量も多い河川が流れ込む。まさに絵に描いたような春のポイントになっている。

釣り場が広いので、つい遠投しがちだが、30mも投げれば充分。水深2〜5mで、水草のわずかなすき間や底の変化（小さなくぼみや段差）をねらうのが一般的だ。底探りをしっかりして、自信を持って待てるポイントを見つけてサオをだしていただきたい。

また、流れ込みの両サイドで岸から10mほどの超近場にエサをセットすると、意外と大きいのが掛かる。

エサの打ち替えは1時間が基本。待っても2時間としている。寄せエサには野性ゴイ研究クラブの「野武士」、付けエサにはイモヨウカン5〜10㎜。水温により微妙に大きさを調整している。

釣れるコイのアベレージは70㎝。しかし6月下旬から7月中旬には80㎝オーバー、時には90㎝オーバーも釣れる。

ここで掛けると100mほど一気に沖へ向かうが、その後は左右に走る。サオをタメていると少しずつ寄ってくる。あわてる必要はない。

### ポイント2

ここはワンドのど真ん中から入口のポイント。ほかの釣り人がいない時限定になる。底の状況は、ポイント1と同様だ。しかし藻の量が多い。

ワンド中心部の水深は3.5mで砂地。投げる距離は30〜40m。底のちょっとした変化や藻の端部にエサを置きたい。コイを掛けると大量の藻が絡み、あまり暴れずに寄ってくる。少しずつ藻を切りながら寄せるのがコツである。

いずれの場所も7月中旬までは、ニジマスやアメマスをねらうルアーマン・フライフィッシャーが湖岸一帯に並び、腰まで立ち込んでサオを振っている。ときには仕掛けのすぐ近くまで立ち込むので、トラブルの起きないよう声を掛け合おう。譲り合いの精神を大事にし、お互い気持ちよく釣りをしたい（2016春夏・鵜木）。

阿寒湖の90㎝。砲弾型の筋肉質なコイが釣れる

釣り場の多いダム湖で数釣りを
# 釜房湖 宮城県柴田郡

## 概要

釜房ダムは宮城県柴田郡川崎町に位置し、一級河川名取川水系碁石川に建設された多目的ダムだ。平均水深12m、最大水深は43m、完成後43年と古く、大ゴイの気配を感じさせる。ダムサイトや絶壁の所を除けば全体に岸辺は浅く、傾斜がなだらかで、ダム湖としては釣り座を確保しやすい。

周辺には温泉、コンビニエンスストア、ガソリンスタンド、トイレ等の施設があって便利だ。舗装路で1周でき、所々に駐車スペースがあって各釣り場まで10～40m。場所によっては斜面を下る必要があるが、釣り座はおおむね平場でサオをだしやすい。

年間通して水位が変動するため、状況により釣り座確保に苦労するものの、湖周道路を走れば釣り場は意外に見つかる。

水がきれいで魚種も多く、マス類、ブラックバス、ヘラブナ、ワカサギ、コイがよく釣れる。特にヘラブナは人気が高く、年に数回大会が行なわれる。コイは50～70cmを主体に数釣りが楽しめ、体はスマートで引きが強い。

エサは、ダンゴ、ボイリーいずれもOK。春は4月中旬から釣れ始め、11月末まで楽しむことができる。

## ポイント1

小さなワンドで流木が流れ着き、岸は傾斜して足場は悪いが釣りに支障はない。水深は足もとから1mほどで、岸から15mの距離で6～7mある。10～15mの沖の底は急なカケアガリと平坦な所があり、変化が多く、底質は小砂利で根掛かりの心配はあまりない。30m沖で水深は10mくらいになり、底は泥砂に変わる。この先からはなだらかな傾斜で深くなる。

水位の変動でエサを入れる所は変わるが、水の多い時は岸際5m付近のカケアガリをねらい、水位の低い時は岸から10～15mの平らな場所をねらう。水深5～6

ポイント1 良型を期待できる釣り場だ

ポイント2 近場でも沖でも数釣りが楽しめる

### アクセス

山形自動車道・宮城川崎ICを下りて直進し、R286を仙台方面へ向かうと約10分で釜房湖。

### その他

遊漁料は日券500円、年券4000円。サオ制限なし。夜釣りとボート釣りは禁止。

mの深さを釣るとアタリが近い。

ここはコイのサイズが大きく、大ものをねらうにはよいが、ヘラブナの釣りの人が多いので広く場所を取らずにお互い譲り合いたい。砂利の駐車場に3台駐車できる。釣り場まで10mほどの下り。

### ポイント2

小さな岬で、水深のある岬から左側上流に向かうにつれて浅場が続く。釜房湖はこの辺りから上流にヘラブナの釣り人が多い。コイも非常に多い。駐車場は小型車2台分で釣り座までは10mほど下る。

ポイントは狭く、1～2人の場所だが、水位が下がれば数人で釣りができる。

80m沖にオレンジ色のブイが1つ浮いていて、ブイ方向の沖に向かってなだらかに落ちていく。岸から25m沖で水深6m、底は帯状に石と草で形成されている。

岬の方向は大きな岩で形成された岸と底が続く。30m先で8mの水深、その先の底はきれいな砂地で、かなり緩やかに落ち

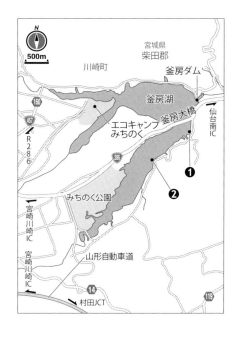

ていく。遠投すれば根掛かりはない。

ここのコイは岸近くにいることが多く、岸から3m先の近い場所でも釣れるが、岸際は石が点在しハリ先が甘くなることが多いので、ハリ先のチェックを怠らないこと。替え仕掛けを多めに用意する。

遠投しても、近場をねらっても釣果があり、日帰りで数釣りが楽しめる。

岸際には細めの立木が2～3本ある。その立木が水没している場合は取り込みの時に注意が必要だ（2014春・三輪）。

ダム湖としては、サオをだせる場所が多いのも魅力だ

## 杜の都の"伊達ゴイ"
# 月山池
### 宮城県仙台市

**メーターオーバーのポテンシャル**

月山池は、仙台市中心部から車で20分ほどの距離の割には自然豊かだ。普段は見られないような動物や虫や鳥にも遭遇できる。ヘラブナ、バスフィッシングファンのほかにも親子連れで遊ぶ人や山菜採り、バードウォッチングなど訪れる人は多い。ただしクマが出る地域なので充分に注意しなければならない。

ここのコイは、なんといってもきれいだ。筋肉質でスタイルがよく、力強く走る個体が多い。平均サイズは70cm台後半から80cm台半ばだが、私は過去に90cm台を何尾も釣りあげており、必ずメーターも出せると信じて通っている。

釣りは3月くらいから可能だが、4月中旬から11月くらいまでがよいシーズンだろう。基本的には農業用の溜め池なので、田んぼに水を供給するため例年5月中旬から水位が下がり始め、9月初旬までが減水期となる。1年を通じての水位の増減は、場所にもよるがフラットな所で1.5～2m、岸から急深の場所では5m前後にもなる。

水深は市の発表データでは最深部で9mだが、私自身は釣りをしていて10mはあるのではないかと思っている。底質は全体に砂地が多く、ウイードはあまり見られない。水底には場所によって大岩や倒木、木の切り株が点在するエリアもある。

今回は、『Carp Fishing』原稿執筆のため夏真っ盛りの減水期に釣行した時の写真を元にポイントを解説したい。少しでも皆さんの参考になれば幸いだ。

**ポイントA**

しばらくフラットな砂地が続き、60mほど先で変化している。付近にカカリはあまりないようだ。岸付近は急深になっていて周囲には木もたくさん生えているため、満水期にサオをだすのはやや難しい。減水期だからこそ入りやすく沖の変化をねらっていける。人によっては手前の浅場で食ってくるという方もいるが、ひざくらいまでの水深しかないため、私自身は手前側ではあまりよい釣りができるイメージはない。

惜しくもメーターには届かなかったが、思い出の1尾となった。月山池では珍しく、黒っぽい個体

ポイントAから東側。カケアガリにはゴロタ石がかなり入っている。減水時に底の状態を確認しておくとよい

## アクセス

東北自動車道・仙台宮城ICを下りてR48を山形方面へ。県道132との交差点を左折し、すぐに側道に入り突き当りを右折し県道132号の下をくぐって月山池へ。

使用するボイリーだが、これは他のポイントにもいえることだが、釣り場での比較テストからもスイーツ系は反応が悪く、動物質系のものに軍配が上がっている。実際、減水時に池を観察するとザリガニなどの動物質のエサがたくさんいて、コイも好んでそれらを捕食していると思われる。

### ポイントB

ここは木の切り株や岩などの見えないカカリが点在している。今年の減水具合だと、ところどころ見えているが、増水してきた時期には注意が必要。東側は緩やかなカケアガリで砂地。ストラクチャーもあるので個人的には好きなポイントだが、巻かれる可能性も高い。多少強引なパワーファイトくらいがちょうどいい。南に向かって投げれば川筋、対岸にはワンドといったぐあいに変化が多い。状

ポイントC 撮影日は減水しすぎて川底と小さなワンドしか残っていない状況だったが、春秋にはコイのストック量も多く、おすすめのポイント

況によってねらえるポイントがいくつもある。ちなみに今シーズンは東側に仕掛けを投入し、何度かいいサイズをゲットしている。

### ポイントC

写真では川筋と小さなワンドだけが残っているような状態で、減水しすぎている。だがしかし、もう少し水量があれば変化の多い文句なしの一級ポイントである。ここは満水時期でもコイが入ってくるので減水・満水期を問わず釣果を得られ、冬でもそこそこ釣りになる。私のお気に入りの場所でもある。初めて月山池を訪れるという方には、まずはこのポイントをおすすめしたい(『Carp Fishing』No.18（2016）「杜の都の伊達ゴイ」再編集・菅原）。

# 日本記録の湖は今も健在
# 八郎潟東部承水路　秋田県山本郡

## 概要

　八郎潟はかつてブームが起こり釣り人も多かったが、今では落ち着きを取り戻している。現在では、霞ヶ浦、北浦、琵琶湖、三方湖などが人気スポットとなり八郎潟は一歩置いていかれたような感じもするが、それでも八郎潟は日本を代表する巨ゴイ釣り場であることは今も変わらない。

　八郎潟は八郎潟調整池、東部承水路、西部承水路と大きく3つに分かれているが、今回は東部承水路の釣り場を紹介しよう。

## ポイント1　三種川流れ込み

　この釣り場は三種川の流れ込みである。三種川もコイの魚影は多いので、絶好のコイ釣り場となっている。本命の東部承水路はもちろん、数・型ともに期待できる一級ポイントである。

　三種川の川筋で釣る場合はエサを遠投する必要はない。サオ先にポトリと落とし込む程度で充分である。この三種川には春、産卵のため乗っ込んでくるコイが非常に多い。

　東部承水路の水深は1～1.5mと浅いので、やはり春の乗っ込みが最も釣果の上がる時期だろう。足場もよい釣り場だが、漁師さんやバスフィッシングのボートも出入りするため譲り合いの気持ちを持って釣りをするように心掛けたい。

## ポイント2　新生大橋

　新生大橋の釣り場は子供から女性、ビギナーでも確実にコイを釣ることができる名スポットだ。確実に釣りたい方、数釣りを楽しみたい方はこの釣り場が一番のおすすめである。

　私も1年のうち何度かこの釣り場に足を運ぶのだが、センサーが鳴りっ放しで休む暇がない状態になる。昨年（2007）の9月にはひと晩で80cm台が10尾以上、90cm台が3尾の大釣りを経験している。なかでも驚いたのがエサを投入してから2秒後。つまり、エサが着水したと同時にコイが掛かったのである。釣りあげると99.5cm。80

三種川流れ込み。三種川内と承水路への吐き出しの両方をねらうことができる

古くからの名場所である新生大橋は、圧倒的なコイの数を誇る

### アクセス

秋田自動車道を琴丘森岳ICで下り、すぐに左折するとポイント2の新生大橋が見える。その橋手前の側道に入って右折して進むポイント1の三種川に着く。

### その他

夜釣り可能。遊漁料無料。

～90cm台のコイでもすぐに食ってくる非常にアタリの早い釣り場である。地元の人の話では、コンクリートの護岸の出っ張りがあるので、そこで水の流れが若干変わったり、またその近くには漁師が使った網の残骸が沈んでいるため、その網に付いたプランクトンなどをねらってコイが集まるのでは、とのことだ。水深は1～2m。好ポイントは30～40mの遠投。近くにはコンビニや食堂、銭湯もあり、足場のよい釣り場である。

### ポイント3 鯉川

この釣り場も鯉川川と東部承水路の両方でコイ釣りが楽しめる。名のとおりこの鯉川川にも春、乗っ込むコイが多いが、水深が三種川周辺より1mほど深いため春だけでなくオールシーズンコイ釣りを楽しめる。私が以前ここでサオをだしていた時、ワカサギが何者かに追われ逃げ回っていた。最初はブラックバスに追われていると思い、気にもとめなかったが、実はワカサ

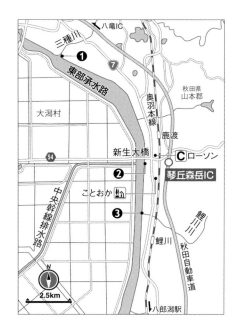

通称鯉川と呼ぶ、よく知られた一級ポイント鯉川川吐き出し。数、型ともにねらえる

ギの群れを追いかけていたのはコイだったのだ。その証拠にワカサギが逃げ回っている所にエサを打ち直してみるとすぐにコイが掛かった。投入点は近くてよい。

八郎潟の水底は貝殻でいっぱいである。したがって、タニシや貝類のエサには見向きもしない。仕掛けは基本的にどんな仕掛けでも釣れるが、ダンゴに吸い込み4本バリ仕掛けなどでは大型が寄る前に小型が掛かってしまう。それほどまでにコイの数が多い。私の場合、小型に邪魔されないようにボイリーの20mmと15mmを付けたスノーマンの1本バリ仕掛けである。これなら大型だけをねらって釣ることができる。ほかにワカサギエサを使う釣り人も多い（2008秋・鷲）。

# 春にはメーターオーバーの姿も
# 蛭沢湖 山形県東置賜郡

## 概要

昭和23年に完成した東北地方有数の灌漑用の人造湖で、蛭沢貯水池ともいう。湖面積25ha、最深部21m、貯水量220万t。冬期に水を落とすと2つの溜池跡と石橋、流れる川が現われる。幕末に建てられた「二池成功碑」がその存在を物語る。

春、雪解け水を満々と湛えた湖は、湖畔にそそり立つ奇岩怪石や松の緑と調和して美しく、周辺には遊歩道やキャンプ場が整備され人気を集めている。

蛭沢湖の釣り場のほとんどはダム形式の急斜面が多い。しかし、夏期に向けて放水し、車の乗り入れが可能な場所が本湖中央部から上流にかけて現われる。その釣り場は市道沿いでもあるので釣りやすく、急斜面を避けたい人にはおすすめだ。

生息魚種は、コイ（ドイツゴイ系ゴイを含む）、ヘラブナ、珍種として赤ベラ、イワナ、オイカワなど。コイの数は多いとはいえないが、春には、黄色の色ゴイ2尾をお供に連れた120cm級の野ゴイが、山側のワンド奥の大岩が点在する浅場に姿を見せることも。

仲間はボイリーで結果を出しているので、今後楽しみである。

## ポイント1 本湖北部

上流部は浅く、水温の上昇が早いため水草が豊富で春の釣り場だ。よい時期に釣行できれば、乗っ込みゴイに出会えるだろう。ただし、バス釣り人をはじめ他の釣り客も集中するので、この人たちとのバッティングを避けるため、多少時期を遅くずらすのもよいと思う。

## ポイント2 本湖中央部一帯

満水期、上流部流れ込み付近のコイは岸寄りを付き場にしている。日中には姿を見せないが、人気がなくなると川筋沿いにエサを拾いにくるグループがいる。風当たりが悪い場所なので警戒しているが、流れの筋をねらうとよい。

5〜6月は少しずつ減水していく。コイは減水するにつれて山側の岸を回遊し始める。また段々になっている地形の部分はゴミが溜まるので、風が当たれば広いタナで食う。最減水すると、流れ込みが現われるので、その流れ込みやハネのある付近を中心に釣りを組み立てるとよい。

この時期は4m以深は水温差が激しいので、ダンゴがバラケない所は移動したほうがよい。色ゴイや中型以下は岸寄りのカケアガリで食ってくる。

野ゴイタイプの良型が釣れるのが魅力だ

**アクセス**

米沢南陽道路・南陽高畠ICからR113に入り宮城県方面へ東進して約6kmの「道の駅たかはた」を過ぎて左折し、ぶどうまつたけラインを3kmほど走ると蛭沢湖。

**その他**

管轄漁協はなく、遊漁料なし、夜釣り可、サオ数制限なしだが、魚の持ち出しは禁止。ほかの魚種の釣り人が多いので譲り合いの精神で楽しみたい。問い合わせは高鼻（たかはた）町観光課 （Tel 0238・52・4482）。

　市道側はサオだしが楽で、上流部とゲート付近にトイレもあるので家族連れにも安心だ。

### ポイント3　中央部から水門

　本湖中央部から水門にかけては夏、秋の釣り場と考えてよい。ゲート付近にある橋の近辺は土質がよく、夏場はひんやりした東風の通りがよい場所なので、型は落ちるが数は出る。

　流れによっては湾奥のワンドもよい。ただ、大型は危険の少ない場所から状況によって行き来するので、その日の状況で釣り座を決めることが結果につながる。

　私は昨年、この場所でとてもよい釣りをしたが、大荒れでバスのボートも出られない日であった。蛭沢湖は、サルやシカが多く、人間の近くに出没するので要注意だ。

　この湖がある高畠町は200余りに及ぶ遺跡や古墳があり、まほろばの里とも呼ばれ観光客も多い。ノスタルジックな雰囲気

に浸りながらの釣りも楽しいものだ（2008春・平吹）。

ポイント3から見た蛭沢湖。正面奥がポイント1の最上流部。左にせり出した山の辺りがポイント2

# 急流育ちの力強いコイが魅力
# 最上川　山形県河北町

**概要**

　最上川は東北地方を代表する一級河川で日本三大急流のひとつとして知られている。したがってこの川のコイは力がとても強く、持久力がある。尾は大きく、見事なまでのウロコの配列も魅力だ。

　流れが強いため、オモリは30号以上が必要だ。水草や小枝、ゴミが多く、ミチイトに絡まるので、流れの速い本流ではなく、流れが緩やかな所、淀んでいる所、障害物の後ろなどがポイントとなる。

　粒子の細かい練りエサや軟らかいクワセは小魚の猛攻を受けてしまうため、比重が大きく粒子の粗い寄せエサと、硬くて小魚に強いクワセエサが向いている。地元の人は硬めにゆでたジャガイモを皮ごとハリに付けて工夫しているが、私はボイリーで釣果を上げている。

　ポイント1〜3ともに釣れるコイは50〜70cmが多いが、まれに80〜90cmの大ものも釣れる。12号ラインを一瞬で切られた話や、ラインを200m引き出され、最後には切られたり、サオを根元から折られた話など数々の伝説もある。

　私は他県で1m前後のコイを釣りあげているが、最上川のコイの引きが断トツだ。この川の70〜80cmのコイは、ほかの釣り場のメーターゴイの引きに匹敵すると思っている。

　今回は最上川の河北橋周辺を紹介したい。

**ポイント1　古最上合流**

　ここは最上川本流と古最上（海老鶴沼）からの流れの合流点で、コイの回遊ルートとなっている。本流の冷たい水と流れ込んで来る温かい水が交わる場所でもあり、コイだけでなく、さまざまな小魚、水鳥などすべての生き物の遊び場となっている。底は泥や水草があるため、ポップアップなどの目立つエサを使うのもひとつの手であろう。

　足場はよいが釣り座は狭いため、サオは3本以内がベストである。水深は1〜2mあり、キャスト距離は15〜20mでよい。

古最上合流点の釣り場。左に温かい海老鶴沼からの水が流れ込むため魚が集まる

河北橋上。流れは強く、釣れるコイは力強い

### アクセス

東北中央自動車道東根ICからR287を河北町方面へ向かい、4つめの信号を右折して県道25号に入り、河北橋へ。

### その他

最上川第二漁協が管理しており、遊漁料は日釣券1000円。年券7000円。

本流と流れ込みの合流地点は目ではっきり確認できるので、その流れの変化を目がけて投入すればよい。

## ポイント2 河北橋上

河北橋のすぐ上手の右岸。手前は流れが弱く淀んでいる。コイの通り道であり休憩所ともなるその淀みでコイはエサを食べるので、そこが投餌点となる。

足場はよく、水面からの高さは約1m。投餌点の水深は1.5〜2mである。キャストする距離は5〜10mのチョイ投げでよく、それ以上投げると本流の強い流れで仕掛けはあっという間に流され、釣りにならない。釣れるコイは50〜70cmが多いが、口が大きく、尾は太く、堂々とした迫力のある王者の面構えをしている。それが最上川のコイなのだ。

## ポイント3 河北橋下

河北橋と歩道橋の間の釣り場。この場所は本流に向かって遠投しなければならず、しかもピンポイントで目標地点に投げ込む

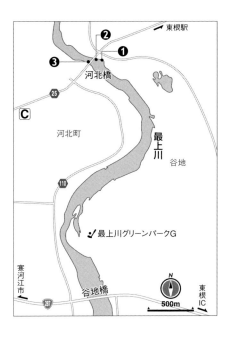

河北橋下。河北橋と歩道橋の間の釣り場。橋脚をねらった正確なキャストが要求される

必要があるため、ある程度のキャスティング能力が必要とされる。しかし橋脚の陰（後ろ）に落とすことができれば、流れの影響を受けることなく、水草などゴミも絡みにくい絶好のポイントとなる。

この橋脚の陰は流れがさえぎられているためコイが体を休め、居着いているポイントだ。水深は3〜4m。キャスト距離は45m前後でコイ釣りとしては遠い。

エサは皮ごと硬めにゆでたジャガイモやサツマイモ、ボイリーがよい。仕掛けは30号以上の安定感のあるオモリを使った、クワセ1本バリがよい。流れが強く小魚が多いため、吸い込み式4本バリはあまり効果が期待できない（2009春・鷲）。

## 巨ゴイレイク、今おすすめのポイント
# 北浦①
### 茨城県潮来市・鹿島市・行方市

**概要**

いうまでもなく、日本を代表する巨ゴイ釣り場の北浦。相変わらずタニシは強いが、私はバズベイトで挑戦している。北浦でも4年ほど前からアメリカナマズが釣れ始め、今では全域に広がっている。これを避ける手段の1つとして、ボイリーで釣る場合は、最初からダブルベイツを使ったほうがよいだろう。

**ポイント1 帆津倉第1樋門**

大きく鋭角的に張り出した帆津倉の岬左にある樋門。この樋門はあくまで目印。樋門右手沖に並ぶ3本の杭周りがポイント。

岸から約30mの距離にある左端の杭が最も背が高く、その周辺は水深3.5mある。杭の先10m沖で4mに落ち込みそこからフラットになる。水深4.5mより深場は泥底になる。残る2本の杭は、この左端の杭より1.5mほど手前にある。杭の並びにはロープと思われるカカリもあり、根掛かりは覚悟の釣り場。

ポイントは遠めなので、遠投できるボイリーで釣るのに向いている。北浦は夏場にはアオコが出るが、金上と帆津倉の岬周辺は、アオコは少ないことから、水通しはよいものと思われる。実際、真夏でも1日5～6尾の釣果があったが、秋から初冬にかけてが特におすすめである。ボイリーでも結果は出ており、昨年は4回釣行してアメリカナマズは2尾しか釣れておらず、ナマズのアタリが少ないのも魅力である。

**ポイント2 向崎樋門**

北浦大橋を東岸の鹿島市側に渡り、湖岸を北上すると大きく突き出た岬がある。その先端にあるのが向崎樋門だ。水通しがよく、周辺はハードボトムである。樋門の右沖に十字型の定置網の杭がある。最近はあまり網が設置されることはない。この杭の横の列まで岸から約60m、縦杭の先端までは約70mあるが、その辺りで水深は1mと、大変遠浅である。70mから先は一

ポイント1 帆津倉第1樋門。 北浦北部を代表する大もの釣り場だ

向崎樋門はメーターオーバーの実績も高いだけに人気の釣り場。一年中釣り人の姿が耐えない

### アクセス

東関東自動車道・潮来ICを潮来市街地方面へ下りて右折、県道101号で鹿嶋市方面へ向かう。R51を右折してR51旧道へ。神宮橋手前を左へ入り、北浦湖岸へ進むとポイント3。

### その他

北浦湖岸道は舗装化が進むとともに車の通行量が増え、かなりのスピードで走る車もいる。釣りで駐車の際は充分注意すること。

気に3〜4mに落ち込む。ねらいはこの杭周りだ。

いきなり遠投するより、手前の杭からねらっていき、アタリがなければ沖の杭に目標をずらしていく。荒れ気味であったら近め、ナギなら遠めを釣るのもよいだろう。

ただし、この釣り場は一級ポイントで人気のある場所なので当然釣り人も多い。先客がいたら、この岬前後にも杭が多くよい釣り場が多いので、そこを釣るとよいだろう。

### ポイント3 下田新宮ドック

延方周辺は浅場でだらだらとした地形だ。この辺りのドックは北浦のほかのエリアと違って内ドックとなっており、湖側ドックの入口に波消しの小さな堤防が築かれているだけである。

JR鹿島線ガードから上流へ向かって2つめのドックが下田新宮ドックだ。ドックの出口は右向きで、すぐ樋門があり、さらにその右が階段状のテラスになっているの

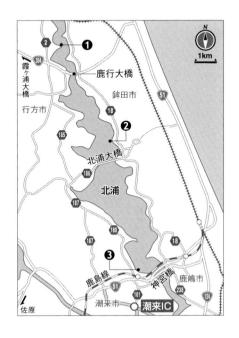

下田新宮ドック。この4年を見る限り、北浦では最も熱かった場所といえる延方を代表する釣り場

でひと目で分かる。この辺りはちょうどカーブしており、いろいろな要素を兼ね備えた魅力ある地形をしている。この階段の右沖15m付近に2本杭があり、その両サイドはよく当たる。

北東風で荒れた時や増水時はドック周辺に魚が集まるので、水門周り、ドック波消し内側がよく、大ものが出る。船道の水深は2.5mある。いずれにしても、1本のサオは船道にいれておくとよいだろう。ナマズは多いので覚悟のこと。

湖岸道が狭く車の往来が激しい。道への駐車は注意される。車は必ず土手下に駐車する。

（2009春・染谷）

## アメリカナマズの活性が下がる晩秋からが好機
# 北浦②
### 茨城県行方市

**概要**

　今回紹介するのは水郷・北浦左岸中流部の通称、"山田四本杭"だ。あまりにもメジャーなポイントなので知っている方も多いと思う。最近は利根川、那珂川、涸沼へとコイ釣りファンは流れてしまい、今ではサオがだしやすいポイントになった。

　しかし、あえて今回この場所をおすすめするのには訳がある。カープフィッシングの外道で釣れるアメリカナマズの活性が晩秋になると大幅に鈍るからだ。

　コイのコンディションが悪くて水郷へ行かなくなった人もいるが、アメリカナマズ除けの特効エサであるタニシ調達が難しくなり、水郷から離れている人もきっと多いに違いない。

　この時期こそタニシではなく、ダンゴやボイリーを使って北浦のコイと勝負してみてはいかがだろうか。

**山田四本杭**

　山田四本杭はR354を土浦方面から来て鹿行大橋手前を右折して1500mほどの場所にある。ちょうど北浦船溜まりを過ぎてやや右にカーブした所だ。湖面をよく見ると20mほど沖に1m四方で4本の竹杭があり、それが目印だ。

　その竹杭の左からサオを並べていく。左側にもう1本杭があるのだが、その間が実績ナンバーワンだ。ここはカケアガリが近く、20mラインがねらいめであり、遠投しすぎないこと。

　15〜25mの間でその日最もヒットする場所を探そう。またそこはピンポイントの場所になるので、もし先行者がいたなら100mほど南にある26kmポール近辺も実績があり面白い。

　さてここからはタックルについてだが、タックルは和式、ユーロスタイルどちらでもよい。

　メソッドフィーダーや袋仕掛けを使い、パウダーベイト（ダンゴ）はぜひとも併用したいところだ。

　もともと魚種が豊富で数も多いことからエサの撒きすぎの心配は一切無用だ。パウダーベイトを使わないと明らかに釣果に差が出る。したがって惜しみなく思い切って

山田四本杭のポイント。遠くに鹿行大橋が見える

この釣り場で釣れた80cmクラス

### アクセス

常磐自動車道・土浦北ICを下りてR125を経由しR354で霞ヶ浦、北浦方面へ。鹿行大橋の手前を右折してポイントへ。

撒きたい。

　そしてフックベイツにはボイリーやポップアップコーンなど自分好みのエサを使おう。特にこれが釣れるというエサはないので、自分の得意とするエサを使えばよい。

　アタリが遠い時ほど小さく比重の小さなものを使うとよいだろう。ましてや晩秋になればなるほどコイの活性は落ちてくる。20mmボイリーやダブルベイツで大ものねらいで押し通すよりも10〜15mmのシングルベイツ、あるいはポップアップコーンでねらいたい。数を釣るならコーンの実績が圧倒的に高い。

　10月頃だとまだアメリカナマズも多く釣れるが、11月にもなるとコイの割合のほうが圧倒的に多くなる。

　もし、夜にアメリカナマズばかり釣れてしまうなら、明るくなるまで仕掛けは上げてしまい、朝からの勝負に体力を温存したほうがよいだろう。夜が明けるとアメリカナマズの活性が途端に落ちる。

　また、水郷のコイのコンディションはまだ完璧ではない。コンディションのよい魚も増えてきているのでこれからさらに期待したい。

これが目印の4本杭

　コイのサイズはメーターこそ今やほとんど出なくなったようだが、80〜90cm台なら割りと簡単にキャッチすることができる。

　また最近水郷一帯で増えてきたアオウオだが、ダンゴやボイリーにはあまり食ってくることはない。それほどヘビーなタックルを用意する必要はないが、水中に隠れている杭もあるのでラインは15ポンド以上のものを用意したほうがよいだろう。

　シーズン本番の時期、北浦はダンゴでねらってみるとよいのではないだろうか。思いもよらぬ好釣果が待っているかもしれない。

　湖岸で車中泊する場合は反射板を車の後ろに置くなど安全面にも気をつけたい。

　なお、自分がだしたゴミは持ち帰り、次に来る釣り人が気持ちよくサオをだせる環境を維持していきたい（2014秋・田島）。

## 魚影が多くかつてはメーターオーバーも
# 新利根川 茨城県稲敷市

**概要**

　新利根川は茨城県南部を茨城県利根町から龍ヶ崎市、稲敷郡河内町、稲敷市と、利根川と並行して西から東に流れて霞ヶ浦に注ぐ灌漑用水路である。人工河川だけに直線的で全体に浅いが、コイの数はすこぶる多く、全域がコイ釣り場といえる。

　20年くらい前まではコイをねらう人を見かけたが、車で30分も走れば霞ヶ浦だけに釣り人はそちらに流れ、今ではコイ釣りの人はほとんど見ない。この川で見かけるのはヘラブナ釣りとブラックバス釣りの人くらいだ。いつでも思いのままに場所を選べるので、ビギナーのコイ釣りトレーニングにはもってこいといえる。

　釣期は4月から11月いっぱい。釣れるコイのサイズは60〜70cmが多いが、メーターオーバーも釣られていて、昔は漁師の仕掛けに120cmの巨大なコイが入っていたという話もある。

　新利根川には河口と柴崎橋に堰がある。柴崎橋から上流は次第に川幅が狭くなり、コンクリート壁が設けられたりで釣りにくいうえ、駐車スペースが少ないので、釣りやすいのは柴崎橋から新利根川河口水門橋までの約15kmの区間である。下流に行くほどバス釣りのボートが多いので、ゆったり釣るには柴崎橋から県道107号の幸田橋までがおすすめだ。ということで、今回はその区間から、ポイントが絞りやすい3ヵ所を紹介する。

　使用するエサは、ごく普通の寄せダンゴ＋コーンのクワセ、もしくはボイリー。ただし、この川もアメリカナマズが多く、暖かい季節は、集中攻撃を受けるのを覚悟せねばならない。寄せエサなしで、極力匂いを押さえたエサを使うか、タニシを使うかしかない。

　いずれの釣り場も遠投は必要ない。岸ねらいのチョイ投げ、落とし込む感じでよい。

**ポイント1 柴崎橋**

　柴崎橋には堰があり、橋のすぐ下には十

**1**

ポイント1の柴崎橋下流右岸。バス釣り、ヘラブナ釣りの人も多く、新利根川でも人気のポイント

**2**

ポイント2の太田金江津用水機場。送水管の橋脚周りでハネが多いのでそこをねらうのもよい

### アクセス

利根川沿いに走るR356を佐原方面に向かい、長豊橋を左折して利根川を渡る。橋を渡りきった土手の信号を含めて4つめの信号を右折し、2km弱で柴崎橋。

### その他

両岸ともにいたる所がポイントだが、左岸は道幅がなく、駐車はほとんどできないので注意。

---

角排水機場樋門があって排水が流れ込むという条件の揃った場所。メーターオーバーの実績がある。そのコイは左岸から右岸の排水機場樋門を目がけて投げ込んで釣られた魚だが、右岸からサオだししたほうが、駐車スペースが広く、車の通行も少ないのでよいだろう。

十角排水機場樋門左右はコンクリート護岸なので足場はよいがフェンス越しにサオをだすことになる。

川幅は40mくらいで、水深は全体に2〜3mと浅く変化は少ないので、足もとねらいのチョイ投げでよい。

### ポイント2 太田金江津用水機場

柴崎橋からほぼ直線の右岸を約3.6km下ると太田金江津用水機場がある。川の上に通る太い送水管が目印。機場樋門の左右はコンクリートで護岸されており、足場はよい。川幅は40m、水深は2〜2.5mで底の変化は少ない。樋門の下流は岸にアシが密生している。

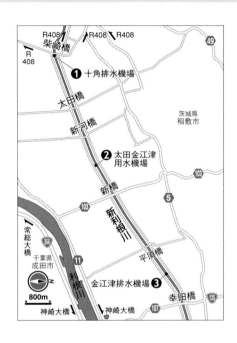

ポイント3 金江津排水機場。80cmクラスまでの数釣りにおすすめ。水深があるのでヘチ寄りをねらう

釣り方はチョイ投げでかまわない。下手のサオを岸から5〜6mの最初の段差をねらい、上手のサオは少し先へ入れる感じでよい。

### ポイント3 金江津排水機場

大浦新掘水門はコンクリート護岸となっており、そこからサオをだすが、ここもフェンスとなっているのでサオは角度をつけて立てることになる。

水門前は掘られていて、水深は約6mあるので落とし込む感じで岸から5mほど先のカケアガリをねらう。遠投するとアタリの数、型ともに落ちる（2010春・福山）。

## 真夏に強い大ゴイ釣り場
# 常陸利根川（北利根川）
### 茨城県香取市・潮来市

**概要**

　広大な霞ヶ浦の水は常陸利根川となり、約9kmの流程を経て、外浪逆浦へ流れ出す。外浪逆浦で北浦から鰐川経由で流れ込んだ水と合流し、ふたたび常陸利根川となって、約13kmを流れた後に利根川と合流する。

　紹介する釣り場は、霞ヶ浦から外浪逆浦までの区間で、別名・北利根川とも呼ばれる。

　簡単にいえば、霞ヶ浦の水の排水路である。川幅は200m以上ある。あれだけの量の水が排水されるのだから、水の動きはすこぶるよく、ミチイトが張るほどの流れがある。全体に遠投の必要はなく、岸から15m前後の変化を釣るほうがよい。

　この川の特徴は、水通しがよいため、夏に強いことで、7～8月にメーターオーバーが期待できる。紹介する3つの釣り場は、橋の下で日光を避けられるので、夏でも快適に釣りが楽しめる。

　エサはアメリカナマズの攻撃を避けるにはタニシだが、ナマズ覚悟でボイリーも面白い。この春（2010）はトリッガアイス（ニュートラベイツ）の実績が高かった。大きさは20mmでかまわない。

　アメリカナマズの動きが活発ならば、ハリからボイリーまでの距離を長めに、5mm以上空けるか、ポップアップを使ったダブルベイツを使用する。

　サオ先がココンッと震えるのは小ナマズだ。連続してフワフワとお辞儀をしたら、ハリ掛かりしているが、意外と少しかじって当たらなくなることも多い。その場合はそのまま待てばコイが当たってくる。したがってボイリーを使う場合は、サオから離れずにサオ先を見ていたほうがよい。

　常陸利根川は川岸が広く足場はよいが、水際は斜め護岸なので滑り落ちないように注意のこと。コンクリート護岸なので、サオ立てはロッドポッドか三脚を用意したほうがよい。

**ポイント1　潮来大橋**

ポイント1 潮来大橋。橋のたもとにコンビニがあって便利な釣り場だ

ポイント2の常陸利根川橋周辺右岸。周辺でナンバーワンの大ゴイ釣り場だけに人気も高い

**アクセス**

東関東自動車道の終点、潮来ICで下りて潮来市街へ向かい、県道101号へ入って潮来駅を過ぎ、あやめ園信号を左折すると間もなく潮来大橋。

**その他**

両岸ともサイズにこだわらなければポイントは多い。市街に近いだけに夏場は蚊の対策を忘れずに。

右岸、潮来大橋の上下流が好釣り場で、橋脚周りに集まるコイをねらう。車は土手上に乗り上げて駐車する。

橋の上流側はアシの間からサオをだす。上下流とも沖に大きな変化はないので、遠投の必要はなく、岸から15m前後の近距離を釣る。オモリを投げてゴトゴトと硬い底の感触が手に伝わる辺りをねらうとよいだろう。

### ポイント2　常陸利根川橋周辺右岸

常陸利根川橋上下流の右岸は、最も大型の実績が高く、真夏にメーターオーバーが連発して人気となった場所。水通しがよく、魚が活発に動くことに加えて、橋の下で暑さをしのげ、釣り人も快適に釣りができることも理由であろう。今年の春もメーターオーバーが釣れている。

ねらいめは岸から15m前後のゴトゴトと感じる所。その辺りに流れの筋が現われるので分かるだろう。水深は2.5mくらい。

土手下の道路脇に駐車することになるの

で、車でアタリを待つとサオを見ることができない。

### ポイント3　常陸利根川橋周辺左岸

ポイント2の対岸に当たる。右岸に比べて底の変化は少なく、底質も泥混じりだが、メーターオーバーの実績もある。橋の周辺はコンクリート護岸だが、橋の上下流はブロック帯となっている。上流の十番樋門から外浪逆浦への吐き出しにかけてポイントが連続する。外浪逆浦へ流れ出す角地は「十番」と呼ばれ、数多くのメーターオーバーが釣られている一等地であるが、足場がよくないのでベテラン向きだ（2010秋・福山）。

ポイント3　常陸利根川橋周辺左岸。釣り場が広く、右岸に比べると釣り人は少ない

# ライトに楽しむウキ釣りスタイルが面白い
# 外浪逆浦 茨城県潮来市

## 概要

　外浪逆浦は、神栖市と潮来市の間に位置し、常陸利根川の一部をなす。北浦とは鰐川で、霞ヶ浦とは北利根川で通じていて、水郷の中では中間に位置する水通しのよい釣り場だ。古くは流海と呼ばれ、内陸部にまで海水は到達し、満潮時には海水が川の水を押さえ、波浪が逆流したのが名前の由来になっている。

　かつては汽水域としてシジミ、ボラなどの漁獲もあったが1971年に常陸川逆水門の完成により淡水化した。現在は、逆水門の開閉が見られ、海との交流はある。

　今回紹介するポイントは、外浪逆浦の北東部に位置する徳島地区だ。とんぼ公園から鰐川橋にかけて変化に富んだ地形が続き、毎年メーターオーバーも上がり、大会での実績も高い。

　この地区の湖岸道は東日本大震災の影響で堤防が崩れ、今年4月まで工事による通行止めが続いていたが、現在は通行可能になった。散歩やウオーキングなどの人たちもいるので、通行時や駐車等の際には安全に配慮しながらコイ釣りを楽しんでいただきたい。

## ポイント1　とんぼ公園

　とんぼ公園は、数年前水郷地区（利根川を除く）では初めてアオウオが釣れ出したのは記憶に新しく、巨ゴイの実績も高い。遠浅な地形が続くが、30m付近のカケアガリから深くなっていく。

　底は硬い砂地で、以前はシジミ漁が盛んであった。外浪逆浦はよい砂が取れるということで、採掘が見られる。一度採取した後は13mくらい掘られるといわれ、その穴が点在している。とんぼ公園沖にも多数存在する。

　潮来市、日の出地区造成時の埋め立て工事にもこの付近の砂が使われ、人工的に掘られた深場が沖に伸びている。水深を必要とするヘリコプターによる救助訓練も年に数回ここで行なわれるくらい、ここのエリアは水深がある。

　アシ原が多く、入れる場所は少ないが、そのぶん静かに楽しむことができる。春が好機であり、北西風が吹いた時が私の経験では食いが立つ。春先などアメリカナマズの活性が上がる前に植物系のエサで一発大

ポイント1　とんぼ公園前

ポイント2　徳島ドック

### アクセス
東関東自動車道・潮来ICを下りて県道50号を進み、適宜右折してポイントへ。

### その他
ハリはスレバリがおすすめ。ナマズが掛かっても外しやすい。テンションを保っていればバラシは少ない。オモリはベタ底でねらう。

ものをねらってみてはどうだろうか。とんぼ公園内でのタニシの採取は絶対に行なわないでいただきたい。

### ポイント2 徳島ドック

徳島ドック付近は、船道が沖まで掘られている好ポイント。付近にバスボート停泊施設があり、土日は出入りが多くトラブルにならないように注意したい。

ジャカゴの先端付近で約4mラインに達し、その辺りが大ものの実績が高くそれを目安にしたい。

季節を問わず一年中ねらうことができるが、春先の大雨の後などは大型が接岸する。ぜひ、ねらってみたい。私もこのポイントで95cmをあげたことがあり、メーターオーバーの実績もある。

ドック出口から100mほどのカーブの出っ張りがある辺りは水通しもよく、人気のあるポイントだ。さらに進むと1つめの水門手前に丸太杭が沖に向かって伸びている。

付近は土手下が水産加工場で、その排水が流れているため魚は多い。丸太杭に向かい20mほどの距離ねらったところ、スプールのラインをすべて引き出されたことが

90cmオーバーの良型も顔をだす

あった。

また、別のメンバーは水門付近でクワセエサにタニシを使い、寄せでマルキユー「鯉夢想」を使ったところ一晩で80cmオーバー7尾という釣果も出している。さらに先に行くと、鰐川の境になり、通称"手すりの切れ目"と呼ばれるポイントに着く。

15mラインからカケアガリが続き、逆水門の開閉時には流れが当たり、水通しが非常によい。

ここには沖に向かって杭が乱立しているので、ヒットポイントを容易に確認しやすい。エサはタニシ以外では、「鯉夢想」を主体とした植物系でよい釣果が出ている。皆さんもぜひ挑戦していただきたい(2014秋・渡辺)。

## おすすめは春と秋、真冬はメーターの実績も
# 那珂川
### 茨城県水戸市／ひたちなか市

**概要**

　茨城県を流れる那珂川は関東第3の大河で関東随一の清流として知られ、多種の魚類が生息しており、一年中釣り人が絶えない。コイ釣りは昔から下流部で盛んで、テント泊で何日も釣りをしていたと聞くが、水郷で起こったタニシブームで人が流れたせいか、あまり見かけない。今は地元の人や、この川に魅せられた釣り人が周年通っている。

　紹介する釣り場は水戸市とひたちなか市の間を流れる下流部である。この辺りは潮の干満の影響を受けるので、釣行の際にはタイドグラフをチェックしたほうが釣りを組み立てやすい。潮時は大洗を参考にするとよいだろう。

　釣期は一年中で、春はのんびりとイトを垂れることができるが、夏はジェットスキーが多くなるので、夕方から朝方までが勝負となる。秋になると少し静けさを取り戻すが、サケが遡上するため、昼夜を問わず流し網漁が行なわれるので注意が必要である。冬はアタリが少ないが、メーターオーバーも数尾釣られている。

**ポイント1　吸水口**

　吸水口の上下流がおすすめである。この場所は魚影が多く、特に春先の乗っ込み時期がよい。約50m下流には水門があり、一見、この辺りもよさそうだが、なんといっても実績があるのは吸水口付近である。

　吸水口上流は足もとから深く、沖に行くほど浅くなるので、岸から10〜15mにあるカケアガリをねらうとよいだろう。底質は砂で、潮の影響により状況が変わりやすいので底探りは慎重に行なう。

　吸水口下流も同じように足もとから深く、底には木が沈んでいて、その周辺が好ポイントなので、その木を探すことがコツだ。

　さらに下流に行くと岸から5mくらい先までブロックが沈んでおり、それが水門上流まで続く。このブロックの先から約5m沖に、捨て石が馬の背状に盛り上がった場所がある。その周辺が好ポイントだ。

　吸水口正面だけは釣り禁止となっている

ポイント1　吸水口。乗っ込みゴイねらいにおすすめの場所。吸水口の正面は釣り禁止なので注意

ポイント2　寿橋。セオリーどおり、橋脚周りがメインだ。足場がよいので釣り人も多い

**アクセス**

常磐自動車道・水戸北スマートICで下りR123を左折、1つめの信号を左折し那珂川を渡り右折して吸水口。寿橋はR6をひたちなか市へ向かい、水戸大橋を渡って枝川立体を左へ約1kmの寿橋北を左折。

**その他**

那珂川第一漁協（Tel 029・231・0415）が管理し、遊漁料は日券400円、年券4000円。日券の購入は水戸市東大野32-3の那珂川第一漁協（平日のみ午前9～午後4時）か、キャスティング水戸店（Tel 029・247・2810）で。

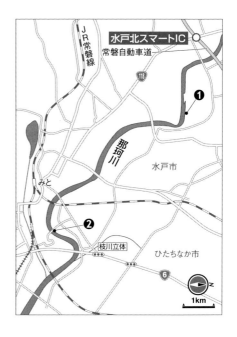

ので注意。24時間、カメラで監視されているので、ルールは必ず守っていただきたい。

吸水口上下流ともあまり足場はよくないので、取り込みには注意してほしい。玉網も柄の長いものが取り込み時に安心である。

### ポイント2 寿橋

この寿橋は秋がよく、数釣りから大型ねらいまで楽しめる。那珂川でも一押しの釣り場である。

ポイントは橋脚周りが中心で水深は3～4mある。数釣りなら橋脚上流の岸から20mラインがよく、砂底で、橋脚方向に行くにしたがって深くなる。

橋脚の下流も砂底だが、特に大きな変化がないため投入点を絞りにくいので、その時の流れの変化をよく観察して投入点を絞るとよいだろう。流れによって枯れ葉やゴミが溜まっている場所がある。そのゴミの切れ目をねらうのがよい。

この釣り場は車が横付けできて足場もよ

私が那珂川で釣りあげたコイ。さすが川のコイ、よい色をしたパワーのある魚だった

いため、ハゼ、セイゴ、ヘラブナなどの釣り人が集まるので、人が多い時はサオ数を控えめに。

エサはポイント1、2ともにボイリーのスノーマンでの実績が高い。春先は26mmの大粒で大型が釣れている。春はフルーツフレーバーやチョコレート系がおすすめである。夏から初秋は動物質系が効果的で、特にエビ系ボイリーでよく釣れている。秋も晩秋の冷え込みが厳しくなる頃は、動物質系と植物質系のコンビネーションがよい。冬は植物質系中心になるが、昔から地元の釣り人はサツマイモで大型を釣っているので、それを使うのもよいだろう（2010春・二宮）。

# 水郷の隠れた名場所
# 鬼怒川 茨城県下妻市、常総市

**概要**

　鬼怒川は栃木日光市に始まり、関東平野を北から南へと流れて茨城県の守谷市で利根川に合流する一級河川である。生息する魚の種類は多く、コイはポイントによる差はあるが、一年通して楽しめる。ビギナーやファミリー向きの釣り場がある一方、厳しい担ぎ込みを強いられる釣り場も多い。アベレージは60～70cmだが、大型も釣れている。数釣り、型ねらい、いずれの釣り場も豊富で魅力的な川にもかかわらず、茨城県には東に霞ヶ浦、南に利根川と、有数の大もの釣り場があり陰に隠れた存在だ。しかし、ひそかに大ものを釣りあげている人も多い。あまり情報がないから、自分だけのポイントを開拓する楽しさもある。

　エサに関しては、ボイリー、コーン、タニシのどれでもOKである。寒い時はアカムシを使って釣果をあげている人もいる。

　今回紹介するのは茨城県下妻市から下流の常総市（旧水海道市）にかけてのエリアで、昔から地元や近隣の栃木、埼玉などから足を運ぶ釣り人が多かった場所である。ぜひ一度訪れてみてはいかがだろうか。

**ポイント1　長塚水門**

　この釣り場は、左岸、下妻市側の土手を新鬼怒川橋の上流へ約500m行った長塚水門周辺で、水門の上下100mくらいが好ポイントになっている。水門からは常に温排水が出ているので、春先までは水門下流がよい。本流の水温が上がれば、水門の上下流どちらもねらいめとなる。

　上下流ともテトラポッドが入っていて、足もとの水深は2～3m、深い所で5～6mある。底質は砂底で根掛かりは特にないが、取り込みはテトラの上で行なうことになるので充分注意してほしい。

　サオ立てはロッドポッド、バンクスティック、ピトンなどなんでもOK。車は横付けできるが、釣り座は一段下にあり、そこまでの傾斜がきつい。階段はあるものの、できればサオの前でアタリを待ったほうがよいだろう。土手の道路はあまり広く

ポイント1　長塚水門。下流側から見た風景

ポイント2　大形橋。橋を上流から見たところ

**アクセス**

常磐自動車道・谷和原ICを下りてR294を北に進む。すべての釣り場は左折だけで到着する。

**その他**

遊漁料は日券400円、現場売り600円、年券4000円。サオは3本まで。4本目からは1本200円の増額。身障者と中学生以下は日券100円。75歳以上と小学生以下無料。コイは5月11日～6月10日まで禁漁。

なく、大型トラックも通行するので、邪魔にならないよう注意したい。

### ポイント2 大形橋

両岸ともよいが特に左岸は足場が良好でビギナーや家族連れにぴったりだ。数人で訪れても駐車や釣り場選びに困ることはない。川幅も広く、大形橋の上下流に固定堰があって、その堰の間での釣りが中心となる。魚影は多く、周年釣り人の姿が絶えない。

橋の真下は橋脚が岸近くにあって浅いが、上下流はともに変化があり、水深も充分だ。橋の少し上流に船着場があり、その周辺も期待できる。橋の下流は目立ったストラクチャーはないが、意外に変化が見つかる。よく底探りをしてからポイントを絞り込むとよいだろう。

### ポイント3 有料橋下流

水海道有料道路橋の下流右岸が特によく、流れ込みがあるため魚が集まる。流れ込む水は工場からの温排水で30℃前後あ

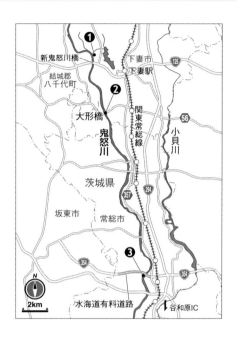

ポイント3 有料橋の釣り場を橋の上から望む

り、真冬でもこの付近の水温は高いためコイの姿を見ることができる。

流れ込み下流の足もとは浅く、沖に行くにしたがい深くなっていく。底は砂底で沖は硬い泥底となっており、変化も多い。底探りは慎重に行ないたい。この場所はあまり足場がよくない。車からも離れてしまうため、担ぎ込みとなる。荷物は最小限にし、コンパクトにまとめる必要がある。流れ込み周辺は漁師さんの船が出入りするので、邪魔にならないように注意していただきたい（2011 秋・二宮）。

# 美しい自然あふれる沼
# 多々良沼

群馬県館林市

**概要**

多々良沼は周囲7kmほどの自然あふれる沼である。主な水源は多々良川と孫兵衛川から流れ込む水だが、所々に湧水があることが、魚の活性を高めていると思われる。

沼の水は農業用水として利用されており、ゴールデンウイーク前後には満水となる。このころ沼の広い範囲でコイの乗っ込みが見られる。満水期である5〜9月は広範囲にねらうことができる。

10月初旬には下流にある木戸堰を開けるので2m近く減水する。10月末まではバスの釣り人が多く、プレッシャーが高い。11月には釣り人も減り、コイも落ち着くので、晩秋がねらいめといえる。

今回紹介するのは日向漁協が管理する桟橋の釣り場で、足場がよく、ビギナーの方にもおすすめだ。桟橋付近は水深があり、コイの通り道となっているため、近場ねらいで充分。

70cmクラスはコンスタントに釣れ、1mを超える大ものも生息していると思う。

タニシやエビ、アカムシ、小魚など、エサが豊富なため、ボイリーや配合エサに反応させるにはフィーディングを行なって味を学習させることが必要だ。昨年あたりからコイがボイリーに慣れ、アタリが増えたが、常連の人はボイリーを使わないので、そのポテンシャルはまだまだ見えない部分が多い。個人的には以前より確実にサイズアップしていると思う。

ブラックバス釣りやヘラブナ釣りの人が多いので、釣り座の間隔を空けることと、落としオモリを使うこととアンフッキングマットの使用をお願いしたい。

私はマルキユーの配合エサをフィーディングしている。500g〜1.5kgを朝一番に投入し、3時間後以降に時合を迎えるようなイメージで釣りをしている。配合エサをフィーディングした時は、ボイリーをPVAバッグに1〜2粒入れて投入するくらいのほうがアタリが早いようだ。

アタリが遠い時は、追いエサを入れずにじっくりとアタリを待つほうがよい結果が出ている。

ポイント1 東桟橋先端。魚影の多い一級釣り場

ポイント2 東桟橋網の中。カカリが多く、ベテラン向き

**アクセス**

東北自動車道・館林 IC を下りて R354 を西へ向かい、R122 との交差点を右折して北上。北成島町で左折して多々良沼へ。

**その他**

日向漁協が管理し、遊漁料は桟橋利用の場合、日券 800 円、桟橋以外の日券は 500 円、年券は 8000 円で桟橋利用は追加料金 300 円。

## ポイント1 東桟橋先端

桟橋の先端だけに釣り場として一級だが、ボートの出入りが頻繁にあるので、必ず落としオモリでミチイトを沈めること。水中に朽ちた杭が残っていて、それもコイが居着く要因である。エサを投入するのは桟橋から20〜40mの地点。遠投するほどヘドロが深く

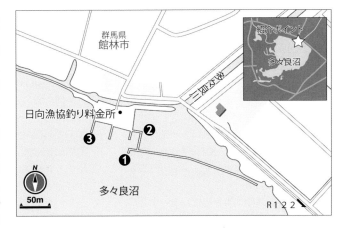

なるので、着底後に仕掛けを引き上げてヘドロから出すこと。赤い弁天様の方角へ投げると大ものの実績が高い。

## ポイント2 東桟橋網の中

ここは満水期限定で、上級者向きといえる。サオ数は2本以内で勝負する。水中には朽ちた乱杭、沈船、古びた網が両側にあり、障害物が多くコイの通り道となる。

コイがハリ掛かりしたら、ある程度の強引なやり取りが必要だ。

桟橋から15m程度のチョイ投げで、桟橋下へ回遊してくるコイを待ち受けるイメージでねらうので、フィーディングは少量のほうがよいだろう。

## ポイント3 西桟橋先端

沼という名前から想像できないハードボトムである。遠投の必要はなく、近場でアタリが出る。減水期には多少の遠投も必要となるが、1年通して楽しめる場所だ。

コイは乱杭伝いに入ってくるので、ハリ掛かりした魚が杭目がけて突っ走ることを頭に入れてやり取りする。

桟橋先端から西側に太い杭があるので、それを目標に投げてから仕掛けを引き、カケアガリにエサを置く感じがよい。その辺りには根掛かりはほとんどない（2012秋・野寺）。

ポイント3 西桟橋先端。4シーズン楽しめる場所だ

# 美しい桜と綺麗なコイに出会える静かな湖
# 竹沼　群馬県藤岡市、高崎市

**概要**

群馬県藤岡市にある竹沼は昭和42年に灌漑用として完成した湖。湖の周囲は4.3km。周りには約1000本の桜が植えられており、4月上旬になると美しい満開の桜を見に多くの花見客で賑わう。

どのポイントも頭上に桜の木があり、ほとんどのポイントでオーバースローのキャスティングができない。サイドスローで投げる技術が必要だ。

湖は上から見ると手を広げたような形をしており、入り組んだワンドが多数ある。水深は深い所で18m、各ワンド3～10mの水深である。シーズンは桜が散る4月中旬から10月上旬。

釣果は1日釣って1尾釣れればよい。短時間釣行には向かない。だが、釣れるコイのアベレージは80cmクラスのスマートな体型の個体が多い。

どのポイントも切り株などの根掛かりが多く魚の引きをのんびり味わっている暇はない。やり取りのスキルアップにはもってこいの場所だ。

エサはボイリーの実績が高く、春先や秋口などは15mmのフルーツ系を中心に、夏場など水温が高い時期には動物質系とフルーツ系を組み合わせた15mmダブルのスノーマンで釣ることが多い。

竹沼はヘラブナが多く、練りエサを使うとコイよりヘラブナが釣れてしまう。

私の過去の釣果は95cmを頭に90cm台を3尾釣りあげた。1年を通して80cmクラスがほとんどだ。過去にはメーターオーバーも上がっている。

**田んぼ跡**

昔は田んぼだったようで、釣り人の間ではこう呼ばれている。足場はよいとはいえないが、車を停めるスペースが何ヵ所かあるのでサオはだしやすい。ロッドポッドが置きにくい場所があるのでバンクスティックも用意したほうがよいだろう。

水深は3～5mなので竹沼の中では比較的浅場。魚の警戒心は高いがとても魚が多い場所である。春の産卵の時期には浅場

減水時の田んぼ跡

田んぼ跡で釣れた80cm後半

**アクセス**

上信越自動車道・藤岡ICを下りて上大塚北を右折し、R254を進み、県道173号との交差点を左折。緑埜交差点を右折し竹沼へ。

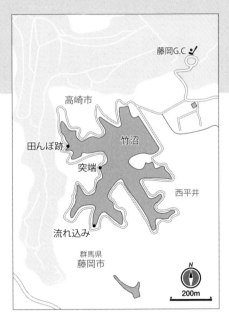

に多くのコイが集まる。

　夏場になり減水すると、朝夕の時間帯に底をつついてエサを食べるコイの姿がよく見られる。コイが見えている時はフィーディングや仕掛けを入れると警戒されてしまうので、あらかじめ下見をしておき、どこでコイがエサを食べるかを観察しておくとよい。

　岸から10～20mがポイントで底はあまり変化がなく、根掛かりも少ない。初心者向けのポイントといえるだろう。

### 突端

　岸の出っ張った所にあるポイントで正面左にボート小屋がある。車1台が停められる狭いスペースがある。

　岸から20mほど投げると水深は7～8m。満水の時はほぼ足もとまで水がある。減水すると岸から湖まで距離があるので取り込みが大変。正面右に投げると根掛かりが多いが、コイのアタリも多い。

　当たったらすぐにサオを手に取れるようにしておき、ラインも細すぎないほうがよ

減水時の流れ込み

いかもしれない。私が竹沼で初めて90cm台を釣ったのがこのポイントである。

　春先は足もと付近を泳ぐ魚も見られ、水深1mほどの足もとでも釣れる。春は浅場ねらいで、足もとから5m前後。夏場は水深のある岸から20mくらいのポイントでよく食ってくる。こちらのポイントは春～秋までよく釣れる。

### 流れ込み

　大塩ダムからの配管があり常に水が動いている。魚が多いポイントの1つ。駐車スペースは広く、サオはだしやすいだろう。

　夏場に減水して湖全体で魚の活性が悪くなる時期でもここは元気な魚が釣れる。真夏の朝、夕は足もとでも当たる。真夏限定だが短時間釣行で2～3尾釣れることもしばしば。

　春や秋よりも夏の減水する時期が釣りやすい。仕掛けは水路の先へそっと落とす感じ。少し投げると水深は5m前後なので、岸から近い水深2～3mの浅場がよく釣れる（2015春・金井）。

## パワフルな引きの神流カープ
# 神流川 群馬県藤岡市

**概要**

　今回紹介させて頂くのは、埼玉県神川町と群馬県藤岡市の堺にある神流川だ。神流川は神流湖（下久保ダム）を経由して流れる川で途中いくつかの堰があり、今回は神流湖と神水湖堰の神流川ポイントを紹介する。

　神流川は、コイ釣り場としてはほとんど知られておらず、ヘラブナファンが週末にいる程度でコイはほとんどスレていない。一年を通して比較的安定して釣りができる。特に秋は活性が高く、コンスタントにアタリがもらえて、11月半ばまで楽しめる。

　寒さが厳しくなる12～2月いっぱいまではさすがにアタリは減るが、明け方はよく動いているのでタイミングが合えばよい釣りができると思う。川全体のアベレージサイズは60～70cm台だが、大型の目撃談も聞く。

　ポイントは私自身未開拓な部分は多いが、その中でこの秋冬におすすめのポイントを2つ紹介したいと思う。

**ポイント1　橋脚周り**

　全体的にさほど深くはなく、最深部で4mくらい手前から緩やかにカケアガリがあり、流心でやや落ち込むような地形になっている。下流にはウイードもたくさん生えており、コイが居着くには適していると思う。

　ねらいは橋脚周りか、流心手前のカケアガリがおすすめ。釣れるコイは60～70cmが主だが時折80cm台も混じる。サオをだせるポイントは少ないのだが、そのぶん集中して静かに釣りたい方にはおすすめ。

　夜間に時折ダムの放水があり、流れが強くなり、釣りにならないことも。事前に確認してから釣行したほうがよい。

　エサはダンゴ、ボイリーどちらでも大丈夫だが、私はボイリーでの釣果のほうが多い。おすすめはカープオンリー「ザリガニ」20mm＋イミテーションコーンが高確率で釣果に結びついている。

　駐車スペースは狭いが、スロープ下に2台程度なら停められる。

橋脚周りのポイント

鬼石グラウンド前のポイント

### アクセス

関越自動車道・本庄児玉ICを下りてR462を児玉方面へ。鬼石総合グラウンド案内看板を左折して駐車場へ。

## ポイント2 鬼石総合グラウンド脇

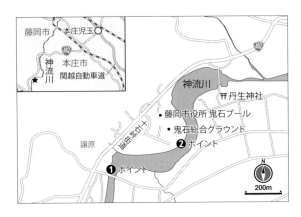

ここは神流湖から5kmほど下流の大きくカーブした内側にあたる場所で、下流1kmには神水湖堰があり魚が溜まりやすい場所といえる。川幅は40mほどで広くなく、水深も手前で2m弱。対岸手前が4mくらいでカカリも少ない。

ねらいめはグラウンドからの排水溝の吐き出しの延長線5m付近に、ウイードが密集して生えている部分がある。その脇をチョイ投げでねらうとよい。比較的魚も多く、あちらこちらでモジリもよく見られる。

アタリが多い時間はやはり朝早くと夕方である。日中はアタリがないわけではないが、確率的に下がる。ここも60〜70cmが主だが80cm台もよく釣れている。過去に一度夕マヅメにヒットし、サオを手にしたがラインが止まらずどうすることも出来ずにバラした経験があり、大ものも潜んでいる。

静かに釣ることができれば、良型もねらえるだろう。また、コンスタントにアタリがもらえるのも魅力の1つだ。神流川のコイは川のコイらしいパワフルな引きがなんといっても楽しい。

アベレージサイズでもドラッグをぐいぐい引き出していくので、取り込むまで注意したい。釣れる魚も筋肉質のきれいなコイばかりなので、アンフッキングマットなどを用いてしっかりケアをして、きれいな姿のまま川に戻してあげてほしい。

サオだしポイントはカーブ内側全体どこからでも可能だが、草が生い茂っているのでひと手間必要だ。平坦なので家族連れでも安心なうえ、駐車場は鬼石総合グラウンドに併設された駐車場と、グラウンド脇に砂利の広場があるので車での釣行もおすすめ。

夏の夜間は川辺にホタルが飛び交うほど自然が残されている。それを壊すことなく、皆さんで共有しながらコイ釣りを楽しみたい（2015秋冬・堀）。

アベレージは60〜70cmだが、掛かるとよく引いて楽しませてくれる

## 橋上から見える大ゴイに本能がかき立てられる
# 渡良瀬川 埼玉県加須市

### 概要

　渡良瀬川は北関東を流れる利根川水系の一級河川である。紹介するのは茨城県古河市と埼玉県加須市を結ぶ三国橋周辺の釣り場。この川のコイ釣りは下流の利根川合流点付近から約5km上流が主な釣り場で、釣り人も多い。

　三国橋の上から川を見下ろすと釣り人の狩猟本能を目覚めさせてくれるほどの大ゴイを見ることがある。釣れてくるのは60〜70cmが多いが、流れがあるため、このクラスのコイでも充分、そのパワーを楽しめる。

　釣れる時間帯は朝夕に集中しているので、マヅメ時の2〜3時間程度の釣りでも、条件がよければ、面白い釣りができる。

　釣り場はビギナー向けの場所もある一方で、厳しい担ぎ込みを強いられる所も多い。釣期は一年中だが、ビギナーの人は夏の終わり頃から秋が釣りやすいだろう。

　エサはボイリーを使う場合、寄せエサにペレットや粉末系のものを使用せずに、15mmのボイリーをメインに10粒くらいフィーディングするほうがよい。ボイリーはカラフルな黄色、オレンジ、ピンク、白などの反応がよいのでおすすめする。

　もし初めて訪れて、とにかく1尾をというなら、ダンゴにコーンのコンビネーション、またはコーンのクワセ単品を使い、コーンをひとつかみ程度フィーディングする方法が意外に効果的だ。

　注意点として、漁師やバス釣りの船が通ること、上流で雨が降った後や谷中湖（渡良瀬貯水池）の水門が開いている時は流れが速く、ゴミも多いことが挙げられる。こんな時は、足もとに捨て石など根掛かりがない場所なら、落としオモリを使ってミチイトを沈めておくとよい。また、近年、各地で増殖し続けているアメリカナマズもいる。水郷ほどではないが、対策を考える必要がある。

### ポイント1 貯水池水門

ポイント1 貯水池水門。担ぎ込みになる。夏は水門が開いている時にねらいたい

ポイント2の三国橋周辺。足場がよいのでビギナーにもおすすめの釣り場

**アクセス**

東北自動車道・羽生 IC から県道 84 を加須方面に向い、県道 46 を左折し三国橋へ。館林 IC からは R354 を古河方面へ向かえば三国橋に出る。

**その他**

遊漁料は日券 600 円、現場売り 800 円、年券 5000 円。問い合わせは渡良瀬漁協（Tel 0284・91・2361）。

　この釣り場は車の横付けができないため、土手の上に駐車し、50〜100m の担ぎ込みになる。

　ポイントは上流の手前の立木から 2 本目の立木までがよく、コンクリート壁の 5m手前に投げるのがよい。底は砂泥で水深は1〜1.5m。根掛かりもあるので、底探りしてカカリの位置をチェックするとよい。

　エサは小魚が多いのでボイリーだけのフィーディングでスノーマンを使う。

　釣期は 5〜6 月がよい。年間通して水門が開いていないと水が動かない。夏〜秋の水温が高い時は、水門が開いている時か、雨が降った後がよいだろう。

　足場が急なため、取り込み時に注意すること。

### ポイント2 三国橋

　橋の下流は埼玉県側が非常に足場がよく、車も横付けできるため、ビギナーにはおすすめである。橋脚から上流では、岸から 20m ラインまでブロックが沈んでいて、

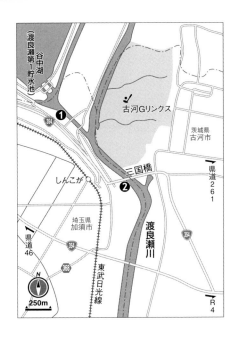

私が釣ったグッドコンディションのコイ。流れがあるだけにパワーがある

この先や切れ目アタリでハネやモジリを見せるので、ブロック周りが中心となる。水深は 1.5m 前後で砂底。根掛かりが多いので仕掛けやオモリは多めに用意したほうがよい。減水している時はブロックがよく見えるが、水量の多い時は見えないので、橋の上からチェックしておくとよい。

　下流は橋脚周りがメインとなるが、投げすぎるとアタリが遠く、周囲に釣り人がなく静かであれば、むしろ足もとをねらったほうがアタリが多い。

　対岸の茨城側もよいが、船着き場になっているので、ミチイトを沈めて、漁師の迷惑にならないように気を遣いたい（2010 秋・二宮）。

## ヌシの「女形鯉」をねらってみては？
# 合角ダム
### 埼玉県秩父市

### 概要

埼玉県西部の秩父地域にはコイ釣りができるダムが3つある。二瀬ダム、浦山ダム、合角（かっかく）ダムだ。今回はその中で一番立地のよい合角ダムを紹介したい。

合角ダムの大きな特徴は、アルファベットの「U」の字型をしており、それぞれの先端に流れ込みがある。車でゆっくり走っても15分ほどで1周できる比較的小さいダムだ。ダム周辺には、食事処や日帰り温泉、また平成の名水百選にも選ばれた「毘沙門水」があり、ファミリーや友人と観光がてら釣りをするのもおすすめ。

合角ダムのコイ釣りは4月下旬頃から始まり、12月上旬まで楽しめる。またダム湖なので、季節によって水位が変動する。

例年どおりなら、春は満水、夏は減水、秋からは翌年の春に向けて水を貯める。水の動きによってコイのいる場所が変わるので、ポイント選定で釣果が大きく変わる。

基本的に水質はよく、底の状態も目視できる。底探りが苦手な方には目で見ながら感覚を覚えられるのでよい練習になる。

今回はこの合角ダムの中でもダムサイトまで車で行けるポイントを2ヵ所紹介したい。

### 吉田川スロープ

秩父市方面から合角ダムに向かうと、ダム管理事務所がある。その先に橋が架かっており、橋を渡り切るとすぐにトンネルに入る。そのトンネルを抜けてすぐ左手にそのスロープはある。

例年どおりに減水が進むと5月下旬、そのスロープ付近が流れ込みになる。コイもその流れ込み付近に集まって、盛んにエサを摂っている。ねらうポイントは水が反転している所や、枯れ木などの障害物付近、水草などの際だ。底質はハードボトムで小石も多い。

夏になると減水し、さらに下流が流れ込みになるが、この頃はコイの姿も見えなくなる。秋になるとふたたび増水し、10月中旬にふたたびこのスロープ付近が流れ込みになり、コイが入ってくる。日当たりも

女形スロープ。沢からの流れ込みがあり、水通しはよい

女形スロープでの釣果

## アクセス

関越自動車道・花園 IC から R140 を秩父市方面へ。秩父市に入ったら吉田方面へ。県道 71 号の塚越交差点を左折するとダム管理事務所に到着。

よく水温が上がりやすく水通しもよいので、ねらいめだ。

アベレージサイズは 60cm 前後だが、メータークラスも釣れる。

### 女形スロープ

秩父市方面から上がってきてダム管理事務所を過ぎると右に曲がれる道がある。その道を進んでいくと東屋があり、その東屋の手前がダムサイトに降りられる女形スロープだ。

このポイントは日当たりも悪く、流れ込んでいる沢の水も冷たい。春はあまり釣果がよくない。しかし、夏の減水時期を迎えると一気にコイが入ってくる。初夏の頃は小ゴイが多いが季節が進むにつれて大型が入ってくる。

特に 8 ～ 11 月の間は 70cm 台から 90cm 台と良型が多い。魚の数は少なく、アタリは遠い。だが、当たれば良型の可能性が高いので、じっくりとサオをだしたい。

満水時は水深 6 ～ 8 ｍだが、スロープ付近が流れ込みになっている場合 1.5 ～ 2.5m になる。地形の変化が多く、枯れ木などの障害物も多い。

また、流木などの浮きゴミがある場合はその下にコイがいることが多い。風の向きにより浮いているゴミは動くので、風向きにも注意しながらサオをだすようにしたい。

底質はややヘドロだが、気にするほどでもない。

このポイントには、「女形鯉」と呼ばれる主がいる。その大きさはゆうにメーターを超えているらしいが釣られたことはないようだ。夏の昼間などに、湖面に漂う流木に寄り添うように浮いていることがあるらしい。腕自慢は一度チャレンジしてみてはいかがだろうか。

車の通りや人通りも少ないので、1 人で釣行される際には充分に注意したい。また、虫や蛇なども多数生息しているので、できれば長靴が望ましい。タバコの吸い殻などのゴミはきちんと持ち帰りたい（2015 春・黒沢）。

減水時の吉田川スロープ

# 担ぎ込みの先に待つ極上の時間
# 二瀬ダム
### 埼玉県秩父市

## 概要

　秩父連山の中にある二瀬ダムは、霊峰三峰山の麓に作られた人造湖でYの字型をしている。流入河川には、荒川と大洞川がある。この河川名を聞いてピンと来るのは渓流釣りの方が多いはずだ。

　特に大洞川は大血川、入川と並ぶ渓流釣りのメッカだ。コイ釣りのシーズンは5月下旬から始まり、11月下旬まで楽しめる。特に秋の季節は紅葉を眺めながら、ゆったりと釣りが楽しめる。

　コイのストック量は決して多くはない。また、ほとんどのポイントが、かなりの担ぎ込みになるので、道具も厳選して持って行きたい。

　使用するエサはボイリーでよいだろう。私はユーロカープ「アミノシュリンプ」、「フレッシュウォータークラム」、「シリアル」を主に使用している。自分が信頼しているボイリーを必要なぶんだけ持って行こう。

　今回は「これぞ二瀬ダム」というポイントを2ヵ所紹介したい。

## ポイント1

　ダムサイトを三峰神社方面に向かうと、ダム側に埼玉大学山寮があり、その脇に車が3台ほど停められるちょっとした広場がある。そこからダムへ降りられる山路があり、湖畔にはその道の途中からケモノ道を使う。

　広場からポイントまで直線で200mほどと近いが、草むらの中をかき分けて行かなくてはならず、それなりの装備が必要だ。

　ポイントは足もとからドン深でかなり石も沈んでいる。そのため、エサを置くのは足もとになる。風向きによっては流木などが接岸していることもあるので、その場合

静寂のなかでじっくりとアタリを待つ時間はぜいたくだ

釣り場まではケモノ道を進み。かなりハードな担ぎ込みを強いられる

### アクセス

関越自動車道・花園 IC で下りて R140 を秩父方面へ。ダムの堰堤に分かれ道があり、そこから県道 278 号へ。

はその下にコイが付いている。

アベレージは 60cm 台だが、ちらほら 90cm 台も見える。水中はカカリだらけなので、やり取りはかなりシビアだ。だが、そのぶん釣りあげた時の喜びは大きい。

### ポイント2

次に紹介するポイントはさらに道を三峰神社方面へ進むと、山側に路側帯があり、ダム側に「放水注意」の看板がある。この湖畔に降りるには山仕事の人が作った道を降りていく。40分ほど下ると小さい吊り橋がある。その吊り橋の脇がポイントになる。

山の中の道を行くので、明るくなってから降りたほうがよい。できれば2人以上で行くことをおすすめする。カモシカやイノシシ、サルが高確率で出没するので、携帯ラジオや、鈴をつけておきたい。また、蛇やヒル、ムカデなどもいるので長靴、出来ればウエーダーを履いたほうがよい。

釣りが終わるとその道を登るので、道具はかなり厳選したほうがよい。ロッドポッドを持って行くのは現実的ではないので、バンクスティックがよいだろう。サオに張り付いての釣りになるので、バイトアラームはなくても問題ない。荷物を軽量化したければ、持って行かないのも手だ。

ポイントはいたる所にカカリがあるので

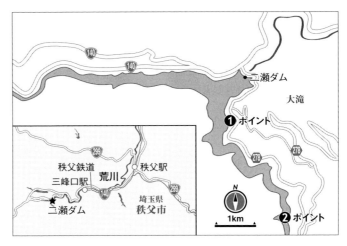

要注意。二瀬ダム全体として、釣り座までかなり険しい道を歩き、ケモノやヘビなどの恐怖が常につきまとう。そのため、単独釣行は避けたい。さらに、急な雨などが降ると土砂崩れも起こるので、天気にも注意がいる。

五感と体力をフルに使い、やっと掛けてもカカリ出しをしなくてはならず、1尾釣るのにかなりの苦労がいる。そのため、1尾でも釣れれば間違いなく記憶に残る魚になる。

周りに生い茂る樹木。聞こえるのは鳥の声と川の静音のみ。鼻をくすぐるのは季節の花々と岩ゴケの微かな香り。春は自然の息吹が目に飛び込み、夏には燃えるような緑、秋には紅葉樹の色鮮やかな演出。自然の中に溶け込み1尾のコイを求める。この時間を「無駄」と取るか、「ぜいたく」と取るかは釣り人次第だろう。

装備をしっかり整えて安全第一で楽しんでいただきたい（2015 秋冬・黒沢）。

# 消波ブロック帯をボイリーで攻略
# 荒川 ① 明戸駅付近
### 埼玉県熊谷市

## 概要

今回紹介させていただくのは、埼玉県熊谷市を流れる荒川だ。ここは3kmほど上流に堰があり、夏場を中心に堰の開閉があり、水位の上下が見られる。

駐車スペースもあり、足場が良好なので家族連れでも楽しめる。この辺りの荒川は直線的な流れが多く、極端に深場があるわけではない。正直、ポイントを絞りにくいエリアといえる。

ただし、水深がないぶん、魚が留まる所が少ない。そのため、ちょっとした変化が見つけられれば、増水しない限り魚が付いているのでねらいやすいというメリットがある。コンスタントにアタリがもらえるはずだ。釣り始める前に底探りをして、変化を見つけたい。ワンデイの場合、底探りをしすぎると場荒れしてしまうので、ほどほどにしたい。

エサは練りエサ、ボイリーのどちらでも楽しめるが、私のおすすめはボイリーだ。この釣り場周辺ではボイリーを使っている人はほとんど見かけず、私も最初は全くアタリをもらえない日々が続いた。

だが、何度かフィーディングを繰り返し、コイにボイリーをエサだと認識させてからは、周りの人にびっくりされるくらいアタリがもらえた。ボイリーにスレていないぶん、コイがボイリーの味を知ってしまえば、自分の釣りを有利に展開できるだろう。

今回はそんな荒川で春〜夏におすすめのポイントを紹介したい。

## ポイント1 消波ブロックの角

ここは消波ブロックの始まりの所で、上流からゴミやエサとなるものが溜まりやすい。角から中央に向かって2〜3mの所に沈んだテトラがあり、その際がねらいめとなる。

アベレージは60〜70cm。足場がよくコンスタントにアタリがもらえるので、数釣りや家族で楽しむには最高。

ただし消波ブロック際をねらうのでドラッグはきつめにしておくこと。アタリがあった時にサオのすぐ近くにいないとテト

ポイント1 護岸から消波ブロックの端がねらえる

ポイント2 水没している消波ブロックの際がねらいめ

### アクセス

関越自動車道・花園ICを下りてR140を熊谷市方面へ。秩父鉄道・明戸駅手前を右折して荒川土手へ。

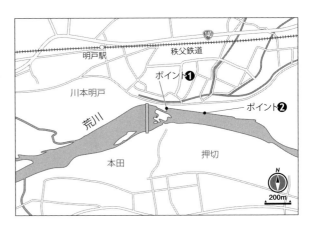

ラに潜られてしまうので、注意が必要だ。

ボイリーはメインライン「エッセンシャルIB」の16mmボトムを使って高確率でアタリをもらっている。

## ポイント2 テトラ中央のカケアガリ

ここは足場こそよくないが、大型が出やすいポイントで人気がある。大きな変化はないが、消波ブロック帯の中では一番深くなっており、魚が留まりやすい場所といえる。

毎年90cm台後半が釣れており、アベレージ以上の魚が多いのも魅力だ。数よりも型ねらいの人にはポイント1よりこちらがおすすめだ。

人気があるため、明け方には来ないと場所の確保は難しい。ここもエサはボイリーの実績が高く、メインライン「エッセンシャルIB」にユーロカープ「バナナ」のポッ

プアップ8mmを組み合わせたスノーマンスタイルでねらっている。

この辺りの消波ブロックは通常の物より大きいため、1人での釣行や暗いマヅメ時には充分に注意してほしい。

また、夏場は増水によってマムシが多く発生するので、草の中を歩く時は必ず長靴を着用してほしい。

全体的に流れもそれほど強くないが、夏場の夜間は時折堰の開閉があり、一時流れが強くなり、仕掛けが流されやすくなる。ゴミも多くなるので、仕掛けに絡まっていないか定期的にチェックが必要になる。

アタリは、やはり明け方と夕方の時間帯に集中するが、条件しだいでは日中にもコンスタントに当たる。予測がつかないのも面白い。

最後にここの釣り場は足場がよいため、ブラックバス釣り場としても人気がある。他の釣り人とトラブルにならないように注意して皆で釣りを楽しんでいただきたい（2016春夏・堀）。

上流には堰があり、この開閉しだいで流れや水量が変わってくる

## 増水後の引き際がチャンス
# 利根川 埼玉県熊谷市

**概要**

今回紹介させていただくのは、埼玉県と群馬県の境を流れる利根川の刀水橋付近のポイント。利根川のコイはとにかくきれいで形がよい。エサが豊富なせいか、よく肥えているのが特徴だ。

そんな利根川で比較的釣りやすいポイントを2ヵ所紹介したい。

**ポイント1**

埼玉県熊谷市と群馬県太田市をつなぐ刀水橋下のポイント。利根川と支流の合流点付近になる。ここは春と夏の増水後の水が落ち着き始めた頃に期待が持てる。

アベレージは70cm台だが、春の産卵時期は大型も期待できる。

合流点より少し上流の対岸に消波ブロック帯があり、そこのテトラ際がねらいめ。川幅は40mほどしかなく、遠投の必要性は全くない。ポイントが近いぶん、ねらった所に投げやすい利点もある。

水深は2m前後で大きな底の変化はなく砂利混じりの砂底になっている。増水時は流れが速く釣りにならないが、増水が少し落ち着いた頃は活性が高くよい釣りができる。

足場もよく駐車スペースも広いので、家族連れでも楽しめる。エサはボイリーが中心で、食いが落ちた際に寄せエサとして粉末系を混ぜて釣果を伸ばしている。

ただし、匂いの強い粉末を使いすぎると、他の魚まで寄せてしまい落ち着いて釣れなくなるので気を付けたい。私は、粉末系を使う際は必ずといっていいほど、無味無臭がコンセプトの「龍王」を混ぜ、なるべく他の魚に邪魔されないように心掛けている。また、ジャミが多い時は20mmや24mmといった大きめのボイリーを使ったり、ダブルベイツやスノーマンにしてねらうのも手だ。

ここで1つ注意してもらいたいのが、川際の高低差があるので子どもと一緒の際は目を離さないでもらいたい。

**ポイント2**

次に刀水橋上流の水門周辺。ここは浄水場からの水の出入りがあり、年間を通して

ポイント1の支流筋は護岸になっていて釣りやすい

ポイント2は水門正面の掘れた溝がねらいめだ

## アクセス

東北自動車道・館林ICを下りてR354を西進。県道142号とのY字路を左折し、しばらく直進。高林信号を左折。刀水橋北詰信号を右折しポイントへ。

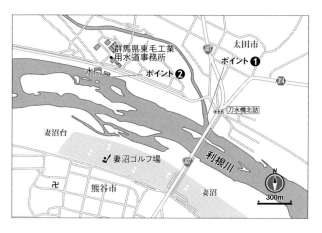

比較的釣りやすいポイント。水門入口両側に消波ブロックが入っており深くなっている。水門正面の水底に若干掘れたような溝があり、そこの両端をねらうとよいだろう。

春と秋がおすすめで、コンスタントにアタリがもらえて楽しい釣りができる。アベレージは70cm台だが80cm台も数多く釣れる。手前の消波ブロックに気を付ければほかにこれといったカカリはないので、安心してやり取りを楽しめるのもここの魅力の1つだ。

エサはボイリーがおすすめ。これでなくては食わないというのはなく、比較的何でも釣れる。試したいニューボイリーがある時はテストしてみるのもよいだろう。

もし、食いが落ちた時は、ボトムにイミテーションコーンやポップアップ半切りなどを使って変化を付けている。

足もとは比較的安全だが、釣り座がさほど広くないのと、駐車スペースが狭いので先行者がいると厳しい。時折ブラックバスねらいの釣り人も来るのでトラブルには注意していただきたい。サオの存在に気が付かずラインにルアーを引っ掛けてしまうこともある。ロッドポッドに赤い布を付けておくなど、サオをだしていることが分かるようにしておくと事前にトラブルを防げる。

利根川ではジェットスキーの人も頻繁に来る。こういった方とのトラブルも最近増えてきたと聞いている。それに伴い、ゴミのマナーも守られていないと最近強く思っている。自分が出したゴミは持ち帰るなど、釣り人としての最低限のマナーは守りたい。

マナーを守り、トラブルにならないようにやっていくことが利根川を守り、私たちの釣り場を守ることにもつながるのだと思う。コイを大事に扱う気持ちと同じように、釣り場も大切にしていきたい（2016秋冬・堀）。

利根川カープはパワフル。中小型でも充分楽しめる

# 温排水効果で冬期も高活性
# 入間川 埼玉県狭山市

**概要**

今回紹介するのは入間川の広瀬橋付近だ。入間川は埼玉県を流れる荒川水系の一級河川。比較的足場もよく、流れも緩やかで魚も多い。水中にゴロタ石などがあり難易度が高いポイントも存在しており、初心者からベテランまで自分のレベルに合わせて楽しむことができる。

**ポイント1**

広瀬橋のヤオコー側が最初に紹介するポイントだ。橋桁の下から中洲が20mほど伸びている。中洲付近は流れが少し速く、水深も1.5mほどある。そこから5mほど岸に近寄ると急激なカケアガリになる。そのカケアガリにはゴロタ石が点在している。コイが掛かるとその石をかわしながらやり取りすることになる。

秋から初冬にかけては、コイが溜まりやすいので、アタリもかなり出る。また、春になると産卵場所を求めて遡上してくるので、一気にコイだらけになる。

カケアガリの直前か中洲スレスレの所にエサを置くとアタリが出やすい。しかし、下流に走られると石にラインが噛んでしまい厄介だ。石にラインが噛む前に多少強引に流れから引き離すか、石にラインが噛んだら無理せず、ラインが引ける位置を探してやり取りできればキャッチ率が上がる。

**ポイント2**

ポイント1のさらに下流だ。中洲が終わり、護岸が一段高くなる手前。流れは緩やかで目立つゴロタ石も少ない。一見すると釣りやすそうだが、水中にはストラクチャーがある。

また、ちょっとした馬の背もある。その馬の背の手前が少し深く掘れているので、そこがポイントだ。底質は砂利。

遠投する必要がないので、じっくり底探りすればよいポイントを見つけることができるはず。このポイントは特に春になるとアタリが出やすくなる。また良型もチラホ

アベレージは60cmだが大型も充分にねらえる

子どもと一緒に楽しむのもよい

### アクセス

圏央道・狭山日高ICを下りて、R407を南下。その後根岸交差点を左折し県道262号へ。広瀬交差点を右折すると広瀬橋に到着。

### その他

入間川漁協（Tel 042・973・2389）、日券700円、現場売り1000円、年券4000円。

ラと見られる。底探りが苦手な方は、高くなっている護岸から偏光サングラスを掛ければ目視でコイを発見できる。底探りの練習にもピッタリだ。

### ポイント3

広瀬橋の国道側にある中洲が終わる所から10mほど下流がポイント。ここは冬になると温排水の恩恵をうける。また車も近くに置けて、釣りがしやすい。

流れは緩やかで底質は砂利。上手くコイの回遊ルートにエサを置ければ、厳冬期でも楽しい釣りができる。水深の変化は乏しいので、ちょっとしたストラクチャーや水の流れが変わる所などを探すと釣果に繋がりやすい。ただし、他の釣り人や、野鳥を観察する人も多いので、トラブルには充分に注意していただきたい。

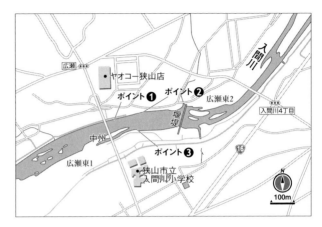

ポイント3は温排水の影響を受けるので冬期におすすめ

入間川は今回紹介した広瀬橋以外にも釣れるポイントは多数存在する。また温排水の流入も多いので冬期はそんなポイントを探すのもよいだろう。

全体的に魚も多い。アベレージは60cmほどだが、ポイントによっては大型もいる。

魚も多いので、ボイリーは自分が気に入っているものを使えばよいだろう。参考までに私はユーロカープ「ツナモルツ」、「アミノシュリンプ」を中心に使用している。アタリも多いので、新リグやボイリーをテストするのにもよいだろう。

また、遊漁券はコンビニで購入することが可能なので、朝早くから釣行したい人にはありがたい。

注意点としては、他の釣り人やウオーキングなどの人も多いので、周りに充分注意が必要だ。また自分で出したゴミは必ず持ち帰るようにしていただきたい。

ポイントによっては足場が悪い所もあるので、しっかり確認してから釣り座を構えてもらいたい（2016秋冬・黒沢）。

# 全川が釣り場の中河川
# 印旛新川　千葉県八千代市

**概要**

　印旛新川の水源は西部印旛調整池。江戸時代の利根川東遷事業の影響により、たびたび洪水に見舞われた印旛沼の水位を調整し、東京湾へ放流するために掘られた疎水路と、元来の花見川を拡張してつなげて造られた印旛放水路が本来の呼び名である。八千代市村上の大和田排水機上（小和田機場）から上流部を新川、下流部を花見川と呼んでいる。

　印旛沼の流れ出しから花見川河口までの距離は約26kmあり、全川とおしてヘラブナ、ブラックバスの釣り場として知られている。コイの魚影はすこぶる多く、中流部は型・数ともに期待できる。

　人工河川のため、全体に水底の変化は乏しく、岸近くから1.5〜2mの水深があるが、中央部に向かいだらだらとした地形の場所が多い。通常は流れがほとんどないため、オモリも10号程度で充分仕掛けが安定する。

　この川は水温が高いため、12〜1月の寒ゴイシーズンも安定した釣果が得られ、80cmクラスが期待できる。エサは一般的な練りエサとコーンのコンビネーションでも充分楽しめるので、ビギナーや家族連れにも楽しめるはずだ。昨冬からボイリーでの釣行をテストしているが、こちらも好調で、今後大型ねらいにはおすすめといえる。

**ポイント1　神崎川合流**

　新川最大の支流である神崎川は、八千代市平戸で新川右岸に合流する。神崎川はヘラブナの釣り人が多く、なかなか型のよいヘラが釣れている。コイ釣り場はこの合流点の岬、下手に向かって左側が人気、実績ともに高い。合流点は最も安定した釣果を得られる場所で、平日でもコイ釣りのサオが立つ場所である。もし、ここに釣り人がいたら、合流の下流、右岸の護岸されている辺りが釣りやすいだろう。水深は岸寄りから1.5〜2mで、遠投しても3m程度。足もとと、流心に向けての遠投で、できれ

平日でもコイ釣りの人を見かける、神崎川との合流。中型の数釣りが楽しめる

島田町の送水管付近は静かな釣りができる。80cmクラスが期待できる

アクセス
東関東自動車道・千葉北ICで下りR16を柏方面へ北上、およそ15分で八千代橋。

その他
印旛沼漁協（Tel 0476・26・9323）の管轄。日券500円、年券3000円。

ば3本ザオで遠・中・近を釣り分けると、その日のコイがエサを食うラインを見つけやすいと思う。

### ポイント2　島田町送水管

神崎川合流から下流900mほどに逆水橋がある。この逆水橋下流は、周辺で最も水深があり、足もとで約2m、中央部で4mくらいある。底質は固めの泥。ただしヘラブナの釣り人が多いので、コイ釣りには、それよりさらに600mほど下流の送水管の辺りがおすすめだ。川幅は70〜80mで、水深は足もとで1.5〜2mと平均的な新川の水深だ。だらだらと中央に向かって緩く傾斜し、流心は少し落ち込んで2.5〜3m。岸から30〜40mの流心部が最もアタリが多いが、大型は足もとで釣れた。小さな水門があり、冬場はここから流れ出す水が本流の水温より温かいので、大ものは意外に岸近くを回遊する。

### ポイント3　桑納川吐き出し

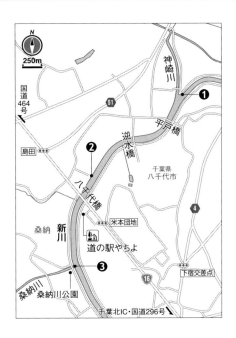

車の横付けができる新川きっての人気釣り場だけに平日でも人は多い

八千代橋下流、約900mの右岸に桑納川が合流する。年間とおしてコイ釣り人の姿を見ることができ、人気が高いのは、吐き出し下流側である。

桑納川沿いに新川へ向かうと桑納川公園があり、公園前から河川敷に降りられるため、車を横付けできる。公園にはトイレもあるので、家族連れも安心である。桑納川は50cm近いヘラブナが釣れ、ヘラブナの釣り人が多い。そのサオに度々70cmクラスのコイが掛かる。

水深は平均して2mくらいのだらだらした地形で、50〜70cmのコイが多いが、ときには90cmを超える大型も。ここも流心ねらいだが、静かなら足もとも押さえておきたい（2008秋・染谷）。

## 平野湖型で釣りやすいダム湖
# 高滝湖 千葉県市原市

### 概要

　千葉県の房総は、ダム湖のバス釣りやヘラブナ釣りで知られている。ここに紹介する高滝湖は、養老川を堰き止めて1990年に完成した新しいダム湖である。

　普通のダム湖と異なり、ほぼ全面がコンクリート護岸されており、全域で釣りが可能である。ダム湖といえば、ドン深、透明度の高い水というイメージがあるが、全く正反対の湖で標高も低く、平野型のダム湖といえる。

　コツとしては、川筋跡周辺の朽木溜まりをねらうと率が高いことが挙げられる。通常の川や用水路を思い浮かべると、川筋周りの地形をイメージしやすいだろう。

　今回は、川筋絡みの釣り場を紹介したい。ダム湖のため、水位の変動があるので、水深は参考程度にしていただきたい。

### ポイント1　せせらぎ広場下

　沢又橋から北へ100mほど進むと駐車場がある。土手を下りると、水面に浮いたゴミ溜まりがあり、5月中旬になるとコイのハタキが見られる。このゴミ溜まり周辺は陸っぱりのバサーに人気なので、約50m上流にある水路前がおすすめだ。

　足元で水深4m、沖40m付近で水深10m以上の川筋にガクッと落ちる。概要でも述べたが、川筋周りの朽木溜まり周辺がねらいめだ。

　水深4mのタナは一見なんの変化もないように思えるが、所々に窪みがあり、朽木が沈んでいる。遠投しての川筋周りと足もとへのチョイ投げとに打ち分けると、よい結果に結びつく。

　朽木を引きずりながらのやり取りになることが多いので、イトは6号以上がよい。沢又橋から下流はボート進入禁止エリアだ。

### ポイント2　せせらぎ広場下

　高滝神社横が駐車場になっている。トイレ、自販機が完備されており大変便利だ。

ポイント1　沖の川筋と足もとの2本立てでねらう

ポイント2　多くの釣り人が集まる人気ポイント

**アクセス**

館山自動車道・木更津JCTから首都圏中央連絡自動車道を茂原方面へ向かい、市原鶴舞ICで下りてR297を北へ向かってすぐ県道168へ左折すると加茂橋。

**その他**

養老川漁協の管理で遊漁料は日券640円、年券4320円。高滝湖観光企業組合事務所で購入できる。

駐車場から岬の先端まで150mほど。

突端の北側は、1本目の橋脚付近にある水深2mほどの台地や、橋脚、ガードレール跡と、障害物が点在し魅力的だが、バサーが非常に多い。トーナメントの際は船団ができるほどだ。したがって、岬の南側をおすすめする。

10m沖付近に大きな倒木があり、その周りが馬の背になっている。倒木のすぐ先で水深3mから4mに落ちる。川筋をねらうにはかなりの遠投が必要だが、近場を探ると小さい段差や朽木が沈んでいるので、無理な遠投は必要ない。護岸の先に土が盛ってあるのでバンクスティックやピトンも使用可能。そば屋下の流れ込みも面白い。

### ポイント3 養老川流れ込み右岸

高滝湖南端に位置する水生植物広場に駐車場がある。養老川の川筋と、水生植物広場からの流れ込みが絡み合う場所で、水の動きは最高だ。

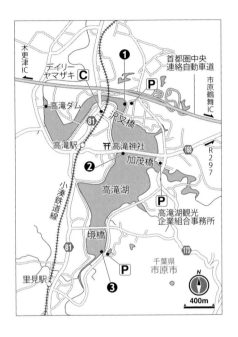

ポイント3 コイの魚影が最も多い養老川吐き出し

高滝湖では数少ない自然岸の釣り場で、川幅は30mほど。ここから境橋までの間は浅場が続くので、特に春おすすめの場所だ。アベレージは60〜70cmだが、魚影の多さは高滝湖一である。川筋の水深は1.2〜1.5mで砂底。川の中央部付近でアタリが多い。水生植物広場からの流れ込み前は掘れており、水深2m程度。川筋と流れ込み周辺で打ち分けるとよい。

バスボートやカヌーの往来があるうえに、水深が浅いので落としオモリは必須だ。たまに、落としオモリにバスがアタックして穂先を揺らす（2014春・染谷）。

# 2桁釣果もイケる鉄板釣り場
# 花見川 千葉県千葉市

**概要**

　花見川は印旛放水路の一部として千葉市花見川区を流れ、東京湾に注ぐ都市型河川である。花見川は人工河川であり、川幅は20〜30m、水深2〜3mで、平常時は非常にゆったりと流れている。

　コイのストック量は多く、1日で2桁釣果も珍しくない。よほど悪条件でもない限り釣果は期待できるありがたい釣り場だ。

　コイ以外ではフナやニゴイ、ナマズ、ブラックバス等が生息しているが、釣れるのはほとんどコイで外道に悩まされることは少ない。

　ただしカメが数多く繁殖していて、高水温時はこれに邪魔される。エサのチェックも兼ねて打ち返しのサイクルは短めで、テンポの早い釣りがよいだろう。釣れるコイは60〜70cmが多いが、90cmクラスが釣れたとの話も聞くので油断は禁物。

　釣り方はボイリー、ダンゴ、パンプカ、ウキ釣り等、ご自身の好きなスタイルで楽しめる。"本格タックルで巨ゴイをじっくりねらう"というより"身近なタックルで気軽に楽しむ"といった釣り場である。投げザオやシーバスロッドが1本あれば充分に楽しめる。

　とてもコイが多いので、試してみたいエサや仕掛けのテストにも打ってつけである。

　ベストシーズンは春と秋になるが、夏の炎天下でも凍てつく冬でも食い気のあるコイはいるので、人間が耐えられればコイは釣れる。これから春夏にかけて活性が上がってくるので数釣りが楽しめるのではないだろうか。

　注意点として花見川上流にある大和田排水から排水が行なわれると、水位が数十センチ上昇するので足場に気を付けてほしい。またヘラブナファンやバス釣りファンが多いので、お互い譲り合って楽しんでいただきたい。

　今回は水の流れがよく、春夏におすすめのポイントを2ヵ所紹介したい。

**ポイント1**

　このポイントは駅から近いので電車釣行も可能だ。支流の高津川が流れ込んでいて、

ポイント1　支流の高津川が流れ込んでいて、水はクリアだ

ポイント2　汽水域のポイントになるので、塩分濃度が低い浅場がねらいめ

### アクセス

ポイント1へは京成本線・京成大和田駅を下車。東方面へ徒歩5分。ポイント2へは京葉道路・武石ICを下りて北上。500m先の信号を右折。東方面へ向かい、汐留橋通過後、左岸駐車場へ。

その合流周辺がポイント。高津川の水はクリアなので周辺を泳いでいるコイがよく確認できて面白い。

合流点から川幅の半分くらいまで捨て石が敷き詰められていて、水深は20～30cmしかない。その先からは砂底でゆっくり深くなっていき、最深部で2.5mほどだ。ねらいめは徐々に深くなるカケアガリで、ここを中心に仕掛けを置こう。

活性が高ければ膝下ほどの水深でも食ってくるが、あまり浅場に姿を見せないようなら深場をねらってみてもよい。所々藻が繁茂しているので、藻の切れ目をねらったほうがいい釣果が出ている。

合流より下流側は水深2mほどで特に変化のない地形に見えるがアタリは多い。少量のフィーディングでコイを集めるイメージで釣りをすると、連続ヒットへ持ち込める。

### ポイント2

ここから上流100mほどの所に汐留橋があり、この橋の上流が淡水、下流が汽水域である。汽水域なので潮の干満の影響を受ける。釣行の際はタイドグラフのチェックを忘れずに行ないたい。

釣れるコイは中小型がメインだが、写真のとおり魚のコンディションはよい

花見川の汽水域は塩分濃度が高いようで、コイは浅場や水面付近に溜まる傾向にある。よく観察していると浅場でエサを捜すコイを見つけることができる。

ここでは深場に打ってアタリをもらったことがない。必然的に浅場ねらいが基本となる。釣り場の特徴として、緩やかなカーブの内側にあり、砂が堆積して浅くなっている。川の中心辺りから深くなっていくがねらいめは近場。

仕掛けを打つ点は潮の干満によって変更するが、目安は水深50cmほどの所。コイがいればアタリは早く出るはずなので、じっくり待つよりコイの動きを追いかけたほうがよい。

都市河川特有の自転車や粗大ごみ等のカカリが多く、これに巻かれると取り込みは難しくなる。早めに勝負をつけるつもりで強気なファイトで挑みたい（2016 春夏・渋谷）。

# 車横付けでビッグドリームをつかめ
# 江戸川
### 東京都江戸川区

## 概要

　江戸川は関東地方を流れる一級河川である利根川水系の分流。流域は茨城、千葉、埼玉、東京都の一都三県に及ぶ。旧江戸川河口までの流路延長は59.5km。

　数年前までは常連アングラーの方々がピトンにイシダイザオというスタイルで数多く訪れていたが、最近は他府県からも来られる、ロッドポッドにカープロッド、このスタイルが多くなった。

　江戸川大橋から里見公園の千葉県側では大規模な護岸工事が行なわれており一級ポイントではサオがだせない状況が続く。今もなお工事中の場所もある（2014年時点）。

　一時はこの上篠崎駐車場も資材置き場になってしまったが、今はきれいに整備され釣りが楽しめる。

　上篠崎駐車場は、車横付けはもちろん、トイレも水道も完備されており、ファミリーフィッシングやカップルでの釣りに最適である。休日に楽しんでいただきたい。

## ポイント1　船着き場

　この場所はかつて常連の方々がひしめいていた場所。今はその面影もなく、ヘラブナファンや、ウナギ釣りの人で賑わいをみせる。この船着き場をねらうにはロッドポッドがおすすめだ。

　水深は足もとから6〜7mと深くなっており、沖へ行くほど深くなる。途中で馬の背になっている。ポイントは30〜40m沖だ。

　冬場の寒ゴイ釣りでは遠投して馬の背をねらうとよい。ここのポイントで面白いところは、ポイント0m、つまりヘチで釣れること。ラインを護岸下に沿って垂らしアタリを待つ。

　江戸川の魅力の1つが、アオウオやソウギョもねらえることだ。一度ヒットすれば20〜30分の勝負になるので気を抜かないで頑張ってほしい。護岸下は深いので落ちないように注意してほしい。

## ポイント2　一段上がった場所

ポイント1　上篠崎駐車場前のポイント。車横付けで楽しめる

ポイント2　一段上がった場所。アタリの数は多い

**アクセス**

京葉道路・一之江 IC を下りて R14 を直進。江戸川手前を左折して県道 451 篠崎街道へ入る。800m ほど直進し、土手に出た所にある信号を右折すれば上篠崎駐車場入口へ。

**その他**

上篠崎駐車場は土日祝日のみ開放。年末年始は不可。開場時間等（月変動あり）は江戸川区役所・スポーツ振興課まで（Tel 03・5662・1636）。

　常連の方々はこの場所のことを、"一段上がった場所"と言っている。確かに船着き場と芝の境で一段上がっている。ここほどアタリをもらえる場所はないくらいのポイントだ。

　車の横付けは無理だが、サオは目と鼻の先。周囲でアタリが全くない時でも、この場所では当たることが多い。

　ねらい方は、10～20m の近場もよいし、遠投してもよい。ただ遠投しすぎるとボートやジェットスキーにラインを切られるので注意。この場所ではピトン式も使える。

## ポイント3 芝の切れ目

　ここも名がなく、皆"芝の切れ目"と呼ぶ。確かに船着き場のコンクリートと芝の切れ目になっている。車の横付けは可能。

　ねらい方は、近場でも遠投してもどちらでも当たる。ただ、寒ゴイシーズンは遠投したアングラーが有利になるようだ。

　数年前になるが、この場所で 103cm が上がった。この時のエサはダンゴでクワセはトウモロコシであった。

ポイント3　芝の切れ目。103cm も上がった実績ポイントだ

　上篠崎駐車場を中心に 3 ヵ所紹介したが、足もとはドン深で護岸は滑りやすくなっているので注意してほしい。特にランディングの際は慎重に。

　3 ヵ所とも、ボイリー、ダンゴ、タニシ、パンなどで楽しむことができる。冬期はゴカイエサで釣ることができる。最近、他府県から来るカープアングラーと話をしてみると、ボイリーで釣果を上げているようだ。

　アオウオをねらうならタニシがよい。ソウギョなら 4～10 月までの限定になるが、アシの葉がよい。パンならコイ、アオウオ、ソウギョ、レンギョすべてねらえる万能エサだ。

　自分が出したゴミは持ち帰り、マナーを守って釣りを楽しみたい（2014 秋・戸部）。

## 都心の川最下流部はスレ知らず
# 荒川②小松川大橋
### 東京都江戸川区

**概要**

　東京都を流れる川で最大かつ関東を代表する淡水大魚釣り場である荒川。秋ヶ瀬の堰までは潮の干満の影響を受ける汽水域である。

　古くからコイ釣り場として親しまれてきたほか、ソウギョ、レンギョ、アオウオなども顔を出す。これまでにたびたび紹介されてきた荒川だが、今回、私が紹介するのは河口から約7kmの最下流部である。小松川大橋を中心とした汽水域のコイ釣り場である。

　この辺りの荒川は中川と隣り合わせで流れている。ここで紹介する釣り場は、両方の川に挟まれた中土手側である。道路がなく、駐車場もないため、車の釣行は不可能で、河川敷にはバイクも入れない。釣行は徒歩か自転車に頼ることとなる。このアクセスの不便さもあって、この場所でコイ釣りをしている人をほとんど見かけない。したがって、ひっそりとひとりでアタリを待つには最適の釣り場である。

　釣れるコイのサイズは70cmクラスが多いが、汽水域だけに超の字がつく大ものも期待できるはずである。特に秋口からは、下流に下る大ものをねらうチャンスといえる。最近は各地の川の河口部で大型の実績が上がっている。この荒川河口部も、今後、注目されてよい釣り場だと思う。

　もともと水質がきれいとはいえない荒川だが、ここまで下るとさすがに、淡水というより、塩水という感じである。水底の砂泥も上中流部の砂と違ってどす黒い印象を受ける。ゆるく蛇行しているものの、地形的に大きな変化はない。

　海が間近のこの辺りも当然、潮の干満による影響を受ける。潮時を計算してエサ交換を行なうことが重要となる。

　アタリはやはり水が動いている時に多い。上げ始め、下げ始め、潮止まり前は期待できる時間帯なので、潮止まりには必ず打ち替えをして、準備万端でアタリを待ちたい。

　エサはなんでもよいと思うが、私はバラケは「九頭龍」・川用、クワセはムラサキイモヨウカンを使っている。

小松川大橋の下から見たポイント1

小松川大橋の下流、ポイント2

#### アクセス

徒歩か自転車利用となる。JR総武線平井駅から都バス・葛西駅前行きで小松川警察署前下車。小松川大橋まで徒歩8分。

#### その他

遊漁料、サオ数制限などはなし。

### ポイント1

小松川大橋のすぐ上流がポイント。足もとはジャカゴになっていて不安定。サオ立ては三脚式かロッドポッドが便利である。特に雨の時など滑りやすいので注意。

この場所は岸から10mくらい先の近場ねらいでOK。大きな変化はなく、水深2～3mのラインを釣ることになる。

### ポイント2

小松川大橋のすぐ下流の釣り場。ここも水際はジャカゴが入っているので注意。

エサの投入距離は10mほど沖と、近場ねらいでよい。近距離とはいっても、大潮の時は水勢が強く、20号程度のオモリでは流されてしまう。しかし、逆にポイントにしっかりと投入できれば、エサは流されない。そのような流れが落ち着く場所こそ、コイが食ってくるポイントだと考える。

### ポイント3

小松川大橋の下流100mほどの所。ほか

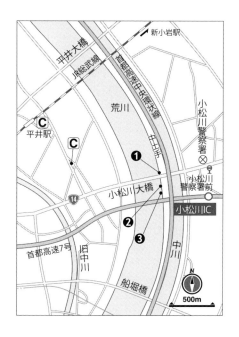

ポイント3 向こうに見えるのが荒川大橋

のポイントと同じように岸から10m前後がねらいめだ。だらっとした砂泥底で水深は2～3mある。

ここも足もとはジャカゴとなっており、足場はよいとはいえないので注意が必要。周辺はアシが密生しており、それをかき分けて釣り座を作るため釣りにくいが、釣り人はほとんどいないので、自分だけの釣りを展開できる（2012秋・藤巻）。

# 荒川 ③ 西新井橋～千住新橋

メーター級のハネも見られる都市河川

東京都足立区

## 概要

　荒川は、奥秩父山塊の中央に位置する甲武信ヶ岳を水源とし、埼玉県と東京都を流れて東京湾に注ぐ一級河川である。秋ヶ瀬取水堰を境に、淡水域と汽水域に分けられる。

　今回は、春夏秋冬を通して楽しめる堰下の汽水域のポイントを紹介したい。

　下流部だけに、水質はお世辞にもきれいとはいえないが、魚影は多く、ハネやモジリもよく見られる。かなりの大ものが水面に顔を見せ、驚かされることも少なくない。紹介する釣り場では、今年も明らかにメーターを超えていると思われる魚を目撃しており、釣友と顔を見合わせたことがあった。

　荒川の流れは強いが、漂流物でストレスを感じるほどではない。しかし、汽水域のため、潮の干満の影響を受ける。

　特に、大潮の日は流れの押しが強く、遠投時には20号オモリでも流されてしまうことがあるので注意したい。

　流れがしっかりした川なので、潮回りはあまり気にする必要はないと思うが、どちらかというと、下げ潮になると流れが強くなりすぎる大潮や中潮より、小潮や若潮のほうが釣りやすい。

　荒川下流域を語るうえで注意したいのが駐車場の問題だ。河川敷駐車場は、グラウンド利用者以外は駐車できない場所が多いので、車は最寄りのコインパーキングを利用することになる。

　干潮時に水位が下がると、ランディングネットを使った取り込みが困難な場所が多いのも特徴だ。護岸帯で釣りをする際は、枠の頑丈な日本式のタモをおすすめしたい。干潮時は泥底が露出して足をとられ、水際まで到達できない場所が多いので、それを頭に置いて釣行してほしい。

　今回は、釣り場の近くにコインパーキングがあり、お手持ちのランディングネットで取込可能な釣り場を紹介する。

### ポイント1　左岸西新井橋下流

　この釣り場は、橋脚、乱杭と、目に見える障害物があるのでねらいが絞りやすい。魚は多い。

ポイント1　ぬかるむので干潮時の取り込みは注意

ポイント2の千住新橋上流。干潮時に露出した旧護岸

## アクセス

ポイント1は、R４千住宮元町交差点から県道461号を北へ向かい、西新井橋周辺のコインパーキングへ。
ポイント2は、R４千住新橋南の千住５丁目で側道に入り、周辺のコインパーキングへ。

## その他

コインパーキングから釣り場へは歩いて10分程度。荷物はコンパクトにまとめたい。

　約30m沖までダラダラとした浅場が続き、その先でガクッと落ち込む明確なカケアガリがある。これは、攻略のキモとなる旧護岸による段差である。ブイがあり、それが旧護岸の位置を知る目印になっているので分かりやすい。私は、コイの多くが旧護岸に沿って動いていると考えている。

　エサの打ち方としては、１本のサオを浅場の杭周りや橋脚に。もう１本のサオで旧護岸を重点的にねらうのが釣果を上げる近道だろう。どちらも泥底だが、底質は気にしなくてもよい。干潮時には、泥底が露出して先へ進むのが困難である。捨て石を乗り継ぎながら水際に出て取り込むことになるので注意が必要だ。

　グラウンドのトイレを利用できる。

千住新橋上流のポイントで釣りあげた80cm級

### ポイント２ 右岸千住新橋上流

　千住新橋から上流に300mほど行くと、岸際に連立した杭の切れ目がある。ポツリと立つ木が目印だ。杭の15mほど沖に１段目の旧護岸、沖50mくらいに浮かぶブイが２段目の旧護岸の目印だ。

　杭の切れ目の前辺りから１段目の旧護岸も切れており、間から流れ込んだ泥が馬の背を構築している。

　馬の背の下流側の１段目の旧護岸際と２段目の旧護岸際が、高確率でコイの顔を見られるだろう。どちらも泥底である。

　魚が掛かると、旧護岸に擦れながらイトが出ていくので、根擦れに強いイトを使うことをおすすめする。私は、川の場合、擦れに強くて、流れの影響を受けにくい高比重のフロロカーボン５号を使用している。

　この場所も干潮時には泥底が露出するので、１段目の旧護岸上で魚を取込む。また、グラウンドのトイレを利用できる（2013秋・染谷）。

## メーターオーバーの実績も
# 新中川　東京都葛飾区、江戸川区

**概要**

　新中川は氾濫対策のために放水路として開設された人工河川で、東京都葛飾区から江戸川区を流れている。河川敷はきれいに整備されており、手軽に釣りもしやすく多くの人の憩いの場として親しまれている。

　全域に渡って潮の干満の影響を受ける汽水域で、釣り人に人気の対象魚はコイ、スズキ、ハゼ、ウナギ、テナガエビなど。

　都内の河川らしく水質は富栄養化しており、濁りが入っている。これがコイにとって大きくなる要因だろう。釣れるコイはよく太ったグッドコンディションの魚が多い。アベレージサイズは70〜80cmで、潮の流れに鍛えられたその引きはパワフルだ。過去にメーターオーバーが多数釣られていることをみても、手軽だけでなく本格的にねらう価値ある魅力的な河川であることは間違いない。

　エサに関してはあまり神経質になる必要はなく、自分の好きなもの、慣れたもので楽しめる。私はボイリーを使用しているが、地元の方はダンゴ、魚肉ソーセージなどで釣果を上げている。

　川幅は80mほどと中規模で釣りやすいが、人工河川ゆえにほぼまっすぐでカーブらしきものがない。

　川のコイ釣りはよくカーブを釣れといわれるが、単調な新中川はポイントのつかみどころがないように感じる。しかしよく観察するといろいろとヒントが見つかる。

　大雑把に葛飾区側の上流と江戸川区側の下流に分けると川底に大きな違いが見られる。上流側は橋げたや岸近くは干潮時に底が露呈するほど浅くなっているが、下流側は護岸からドン深になっている所が多い。

　今回は上流側と下流側のポイントを1つずつ紹介したい。

**ポイント1　八剱橋下流左岸**

　上流部にあたるこの辺りは面白い形に整備されており、上空から見ると岸辺がチャックのようにギザギザとした形をしている。この窪んだ部分にはヨシが生えていて浅くなっている。

　本流筋は水深3mほどで平坦だが、手前10mほどから岸にかけてカケアガリに

大高があるのはいかにも都市河川のコイらしい

八剱橋下流の流れ

**アクセス**

徒歩か自転車釣行となる。八剱橋までは京成バス、細田踏切下車し西へ徒歩8分。明和橋までは一之江駅から東へ進み明和橋へ徒歩7分。

なっているので、そこがねらいめだ。底質は砂と硬めの泥底になっている。

私のねらい方はサオを2本だす場合、1本をカケアガリの際に、もう1本はカケアガリの途中にセットする。この方法だと浅場と深場をねらえるので効率的に釣りが展開できる。よろしければ参考にしていただきたい。

干潮時は干上がるので満潮時をねらい、ヨシの際にそっと仕掛けをセットしてみると食ってくる。さらに大型のソウギョも生息しているので思わぬ大ものとのファイトを楽しめるかもしれない。

### ポイント2 明和橋上流左岸

下流部の特徴らしくこの辺りは足もとからドン深の地形である。水深は大体4mほどで底はほぼフラット。

投入点で悩むが、明和橋の下はカカリが多くなっているので、ここがねらいどころだ。橋下直下に入れると仕掛けが回収できないほど根がきついので、橋よりも5〜10m上流に仕掛けを入れると安定してアタリを待てる。

もう1つの分かりやすい障害物として岸がある。すなわちヘチねらいだ。岸沿いにエサを探す個体もいるので足もとにそっと落として静かに待っていると食ってくる。沖ではなく下へ下へと突っ込む引きは面白く、このポイントの醍醐味でもある。

上流域よりも塩分濃度が高いためか、下げ潮時にアタリが多い。この周辺はフェンスが高くなっていて、取り込みに苦労することが多い。ランディングネットは柄の長い物（3m以上）が必要になる。

いずれも釣り人だけでなく散歩やジョギングの方が河川を利用しているので、周囲に気を配り事故やトラブルのないようにしたい。もちろんゴミを残さず魚のケアをしっかりとして環境、魚の保護に留意して楽しんでいただきたい（2016 秋冬・渋谷）。

明和橋上流の流れ

# 乗っ込みゴイに好適な浅場
## 多摩川①ガス橋
### 東京都大田区

**概要**

　紹介する多摩川ガス橋の東京側は、釣り場として有名であったが、数年前から思うように釣果が出なくなってきた。しかし最近は以前と底質が変わったためか、コイが入るようになってきている。昔は砂利混じりの砂底だったのが、少し前は泥底に変わり、昨年くらいからまた砂利混じりの砂底になってきた。

　ここは大きなカーブの内側になるため、広い範囲に浅場が形成されている。これからの時期（3月下旬以降）は水底が日差しで暖められやすく、水温も上昇しやすい。水温がまだ不安定な春先にはいい場所だ。釣れるコイのサイズは平均で70～80cm台だが、90cmオーバーの実績もある。

　多摩川は、ガス橋から1つ上の丸子橋までが汽水域となり、潮の干満の影響を受ける。この釣り場は、干潮になると大きく水底が露出する。したがって水位に合わせて投入ポイントをずらしていかなければならない。水位が高ければ手前に、低ければ奥にずらしていけばよいだろう。そのなかで、相対的にコイが入ってこれる程度の浅場をねらうようにしたい。あまり深い所に仕掛けを入れてしまうと、そこは塩分濃度が高い汽水で、アタリがもらえなくなってしまうからだ。

　今回の東京側からサオをだす場合、ガス橋のちょうど真ん中の橋脚から手前側が浅く、その奥（川崎側）は流心で深くなっている。したがって橋脚よりも手前に仕掛けを置くようにしたい。

　干満のタイミングは、上げよりも下げの時のほうが、コイがエサを摂りながら下から上がってくるので結果は出やすいだろう。

　カカリは、台風や大水などの度に上流からいろんなものが頻繁に流れてくるため、前回釣行時と全く変わっていることも珍しくない。釣行間隔が空いたり、大水後などの場合、干潮の底のタイミングで一度カカリが今どうなっているのか確認したうえでサオをだすのが一番確実だろう。

ガス橋から下流を望む。水門周りになると夏場もよいポイントだ

川崎側もよい釣り場だ

### アクセス

環八通りを田園調布から蒲田に向かい、千鳥三丁目交差点を右折。しばらく行くとガス橋。ガス橋交番前の交差点を左折するとすぐに緑地入口（駐車場は土日祝日のみ）。電車の場合、JR南武線・平間駅からガス橋方向に直進徒歩約15分。

また多摩川は流程が比較的長い（延長138km）ため、増水すると水が引くのに時間がかかり、濁りもなかなか取れない。

## ポイント

このエリアのポイントは、大きく分けてガス橋の上流側、橋脚付近、橋脚下流側に分けられる。上流側は広範囲に浅場が続く場所であり、どこでもポイントになりうる。しばらく釣り人が入っていなかったせいか、雑草が増え、干潮時に川底に降りられる場所が少なくなっている。

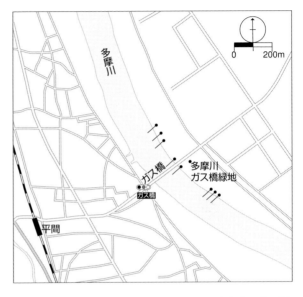

土手から川底に降りやすい場所を探してサオをだすのがよいだろう。足場が高くなっているので、川底に降りる際は気を付けていただきたい。

橋脚付近は川底に降りやすい地形になっていて、橋脚の上手と下手に一人ずつ釣り座を構えることができる。ただし橋脚の際は深く掘れているので、あまり際に投げ込むとアタリが遠くなってしまうので注意。

橋脚の下流側も上流側と同様に浅場が広がっており、岸際の凹みなど変化に富んだ場所が複数ある。満潮時にはそんな凹みのヘチにエサを打つのも面白いだろう。しかし夏になると雑草が生い茂る。川岸まで進むことができる箇所も少なくなってしまう。春から夏前までの季節限定の場所ともいえる。

オモリは、流心をねらう釣りではないので20～25号で充分止まる。エサはボイリーでもダンゴでもOK。ちなみに冬はゴカイでも釣れる。

なおガス橋エリアで釣りをするには浅場に立ち込まなくてはならず、長靴が必要だ（2015月刊『つり人』5月号記事に加筆・森田）。

汽水域はエサが豊富でコイも太っている

### シジミエサでねらうのも面白い汽水域
# 多摩川②六郷
### 東京都大田区

**概要**

　秋の気配がはっきりと感じられる9月下旬、暑さも和らぎ、釣りがしやすくなる。何といっても釣っていて清々しい。今回は、多摩川の六郷土手駅近くの多摩川緑地を紹介したい。

　ここは多摩川のコイ釣りポイントとして下流域の部類に入る。シジミが生息するエリアも近いため、タイミングによっては大型が入ってくる可能性もある。

　場所は多摩川緑地の有料駐車場からすぐで、背後に柳の木が数本生えている足場のよい所だ。土手と川岸の間にはグラウンドが広がっている。

　多摩川緑地付近で流れは大きくカーブしており、ここはそのカーブの内側にあたる。川幅は100mほどあり、地形は全体的に特徴がなく、ダラダラと浅場が広がっているエリアも多い。底質は砂というよりは泥。カカリは大水が出る度に変わる。

**徹底して浅場ねらい**

　2つ上のガス橋よりも下流側になるため、エサはより豊富で、釣れるコイのサイズは平均して5〜10cm大きくなる（75〜85cm以上）。またガス橋よりも海に近いぶん、深場の底には塩分濃度の高い海水が這っているので極力浅い所をねらうようにしたい。

　遠投は控え、潮の満ち引きで起こる水位の上下に合わせて投入場所を変えていくのがよいだろう。オモリは20〜25号あれば充分だと思う。

　干潮いっぱいのタイミングで、露出した水底のようすをよく観察しておくとよい。少しでも掘れていたり、溝状になっていたりする場所にエサを入れておくと、アタリをもらえる確率が高くなるだろう。

　実は多摩川の場合、秋だからといって荒食いはあまり見られない。海水が入り込む

東海道本線のすぐ上流側（図の矢印辺り）の川相

地元コイ釣りファンの方たちが下草を刈ってくれている。大切に使わせていただきたい

## アクセス

環八通りを田園調布方向から来ると、南蒲田交差点で右折し第一京浜に入る。六郷橋北詰から側道に入り、六郷橋の下にある六郷土手交差点を右折。電車の高架をくぐって最初の交差点を過ぎ、すぐ角の左側に多摩川緑地事務所の看板がある。左折で緑地駐車場へ。電車利用の場合は京浜急行・六郷土手駅から徒歩約10分。

## その他

釣り場情報等は上州屋蒲田店（Tel 03・3738・2960）。

汽水域は冬でも比較的水温が高く、ゴカイも豊富に生息している。冬になってもエサがなくなるわけではない。無理に荒食いする必要がないのだろう。

そのため、エサはあまり種類を気にすることなく、ダンゴやコーン、ボイリーなどいろんな種類のエサを試してみるとよい。過去に、シジミを使って猛烈なアタリがあり、走り回られたうえ、バラしてしまった話を聞いたことがある。シジミをエサに使うのも面白そうだ。実際にもう少し下流に行くとシジミが豊富に生息しており、コイもバンバン食っている。

シジミは殻に穴を開けると死んでしまう。そのため、イトで縛りつけるなどの工夫が必要だ。ハリに直接セットせずにフトコロ部分を空けておくこと。硬いシジミでもハリ掛かりがよくなるだろう。

浅場のコイは掛けるとよく走る

外道は、ボイリーではあまり掛からないが、汽水域だけあってダンゴで釣っている知人は以前80cmくらいのボラを掛けたことがある。

この場所は流れの半分近くが浅場なので（しかも年々浅くなってきている感じがする）、長靴を持参しないと潮が引いた時に取り込めなくなってしまう。またコイを掛けると相手は底に潜ることができないので、そのぶんすごく走るという特徴がある。汽水域で栄養状態も良好のため、重くてよく走り、充分にファイトを楽しめる釣り場だ。

最後にこの六郷の釣り場は、地元のコイ釣りファンが草を刈っているため釣りがしやすい状態が保たれている。ゴミは持ち帰り、釣り場を大切にしたい。コイ釣りファン同士、楽しく釣りを満喫しよう（2013月刊『つり人』11月号に加筆・森田）。

## 大型地ゴイの多い歴史あるダム湖
# 相模湖　神奈川県相模原市

### 概要

相模湖は神奈川県の北端に位置し、昭和22年に完成した人造湖である。JR中央本線相模湖駅の南に広がっており、都市用水、産業用水、水力発電、洪水対策などのニーズに応えるために造られた多目的ダムで、湖面には遊覧船やボートが浮かび、冬はワカサギ釣りで賑わう観光地でもある。

もともと相模川をせき止めて造られた歴史の古い湖なので、大型の地ゴイも多く生息しており、地元のヘラブナ釣り人によると、メーターを優に超えるモンスターサイズを見たとの情報も耳にする。ただし、V字の谷間に造られているので、車を横付けしてサオをだせる場所はほとんどなく、背負子に道具一式を詰め込んで釣り場まで担ぎ込むのが基本スタイルになる。

釣り場は湖全体に散在するが、足場が悪いのが玉にきずだ。その中から今回は比較的足場がよく、入釣しやすい2ヵ所を紹介する。

### 相模湖の風道について

どの湖でも同じことだが、風が釣果に影響を及ぼす。風は湖水に酸素を送り込み、プランクトンの発生を促し、湖流を作ってコイの活性をよくしてくれる。無風でベタナギの時は小魚のアタリばかりで、風が吹き出したとたんにコイがアタックしてくることがよくある。

南から西よりの暖かく湿った風の時によく釣れるが、この湖は谷間のV字地形のために素直に風が抜けてくれない。図に示すように南風は谷間を抜けてポイント1では南西からの風になり、ポイント2では南東からの風になる。やっかいなのは西風の時で、西の谷間の相模川を抜けてきた風は東側の山にぶつかって1では南西からの風になり、2では北西からの風になってしまうので、単純に方位磁石を頼りに風向きを判断しないように気をつけてほしい。

北からの風でも頬に当たる風が暖かく感じるときは西風と思って間違いない。こう

**❶** 青田ワンド。古くから、あらゆる魚種の好釣り場として知られたポイントだ

**❷** ねん坂下はキャスティングの正確さが問われる中級者向けの魅力ある釣り場だ

#### アクセス

車は中央自動車道・相模湖ICを下りれば目の前が相模湖で、青田ワンドへはR20から勝瀬橋を渡り、林道を突き当たりまで行けば湖岸。ねん坂下へはR412に入り、関川バス停のすぐ横に湖へ降りる道がある。

#### その他

遊漁料や特別な規制や規則はないので、自己責任のもとでモラルとマナーを守って釣りを楽しみたい。

いう時は大型が釣れるチャンスなので、北風と勘違いしてサオをたたまないように。コイ釣りでは、自然の状況を身体全体で感じ取ることも大切なのだ。

### ポイント1　青田ワンド

この釣り場は車から200mの担ぎ込みで、下まで降りてしまえば足場は良好だ。ワンドの突き当たりには篠原川が流れ込み、プランクトンも豊富で浅場にはアシが生えていて、春にはコイが乗っ込んでくる場所である。例年3月後半から5月にかけて段階的にヘラブナが産卵に入り、コイはその卵を捕食しにくるので、ヘラブナの産卵を目安にタイミングを見計らって入釣すれば、高い確率で結果を出せるポイントだ。水深3〜5mを目安にねらってみるとよいだろう。

### ポイント2　ねん坂下

この場所は100mほどの担ぎ込みとなるが、足場は良好だ。全体に狭い入り江になっており、足もとから急深になっている。木が生い茂って日陰も多く、春に産卵を終えたコイが急速に入ってくる場所で、夏から秋にかけて釣果がよい。

急深のため、ポイントを面で捉えるのではなく、点で釣っていく必要がある。投げ込む点が1m沖にずれると深さは2mも違ってしまうので、エサを正確に打ち込むテクニックが要求される中級者向けの場所だが、水温とタナ取りと釣果の相関関係を体感するにはうってつけの釣り場である。水深10mを目安に底を探って、食わせるポイントを見つけてほしい（2008春・宍戸）。

# 意気ある釣り人におすすめのダム湖
# 津久井湖 神奈川県相模原市

## 概要

　1965年に完成した典型的なダム湖。1970年代から釣り雑誌に取り上げられていた。

　津久井湖へは、1980〜2000年当初まで知人とよく釣行した。特に梅雨どきから真夏にかけて中村ボート、名手橋などへ頻繁に通った。釣れるサイズは70cm前後が多く、磯部鯉倶楽部の大会でも80cm台の前半までであった。

　残念なことにここ数年の津久井湖では、めったにコイ釣りの人に会わない。その要因はいろいろある。まず、車の横付けができない。ダム湖ゆえ、減水期以外に釣り座を設営できる場所が少ない。激しい根掛かり、深刻なアオコの問題。無理して津久井に釣行しなくてもほかにいくらでも楽に釣れる場所があるなど。

　そんな閑古鳥が鳴く釣り場だが、聞けばよい釣りをしている人もいるらしい。ぬるま湯に浸らずルート釣行から決別したいという意気ある人に、駐車スペースを確保できる2ヵ所を紹介したい。

### ポイント1　中村ボート下

　間違いなく津久井湖で最も魚影の多い釣り場。ボート店でアヒルに与えるパンの残りが湖底に沈み、これにコイが寄る。雑誌の釣り場紹介にもよく登場する名釣り場だが、肝心な問題点が省かれていることが多いので改めて記する。

　まずは、減水時のみしか足場が出現しないから、ダムの減水が始まってから満水に戻るまでと極端に釣期が短いこと。実際には6〜9月まで。さらに台風上陸により材木などのゴミが出るとそこでシーズンが終了してしまう。ダム湖ゆえゴミは浮遊したままだから、時には7月で終了となることもある。

　次に根掛かりの問題。特にB地点は水中にガードレールが放置されたままで、知らずにサオをだすと100％仕掛けが戻らない。そのほかの場所も投入直後にオモリは滑るが、上げる際に根掛かりというケースが多い。

ポイント1の中村ボート下。コイの数は津久井湖で最も多い

ポイント2　三井大橋。満水時でも1人分のスペースが確保できる

アクセス

橋本方面からR413を西に走る。「太井」の信号を右折した先のY字路を右に進むと中村ボートの駐車場あり。無料でトイレ完備。Y字路を道なりに左へ進むと三井大橋。橋を渡って左手に駐車場がある。

その他

遊漁料、サオ数制限はなし。減水時はガレ場を歩くので足もとに要注意。

A地点は根掛かり要注意の場所。1回だけサオだししたが、根掛かりのトラウマにより以降は観戦だけに留めている。要点はできるだけ設営地点を奥にすること。投入はヘチではなく右方向に20～30m沖。真夏も少し設営を後ろにずらせば日差しを避けられる。駐車場から徒歩5分。カーブのため目視はできない。大型をねらう人にすすめる。

B地点は最近私がサオをだす所。ボート係留地点の真横。底はすり鉢状、サオ下で4m。以前は左へ行くほど傾斜が急で、30m沖は軽く15mあったが、土砂が堆積し、今は30m先で約8mだ。アタリはサオ下であるが、大型は沖めの深葉で食う。南風がまともに当たるので水通しはこの湖で一番である。駐車場からも見通しが利き利便性も高い。

C地点は浅く、減水時に広くテラスが露出するが、この浅場をあえて釣る人もいる。妙味は大きなテラスが露出する大減水時だ。その時はテラスの先端（湖の中央付近）まで出る。そこに扇状にサオをだす。この方法で大釣りをした知人がいた。

## ポイント2 三井大橋

以前は気にも留めなかった。減水時に橋下の上流部側がテラスになり、駐車場がテラス上にあるためのべつ幕無しにバス釣りが出現していたからだ。湖においても橋は絶好のストラクチャーといえる。津久井湖の橋は三井大橋と名手橋。名手橋は垂直に切り立った崖で降りることはできない。三井大橋は満水時でも都合よく1人分のスペースがある。遠投はできないので投入は

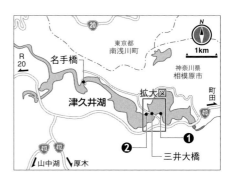

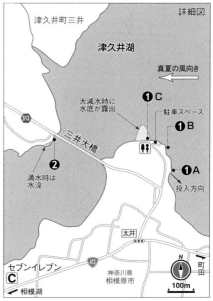

10m先となるが、深さは10m弱ある。木がおおいかぶさっているので長ザオは不可。水位の上下が激しいのでサオ立ては脚の長いロッドポッドが望ましい。

エサはボイリー15㎜をクワセに、撒きエサはボイリーダンゴを使っている（2009春・諸江）。

温排水と流れの変化を読んで大ゴイゲット

# 鶴見川
### 神奈川県横浜市

## 概要

東京都町田市にある泉を源流とする鶴見川は、そのほとんどがコンクリート護岸であり、複数の下水処理場の温排水が流れ込んでいる完全な都市型河川である。散策に利用する人も多く、近隣住民の憩いの場になっている。

水質はお世辞にもよいとはいえない。だが、堰が設けられていないため、かなり上流まで海水が上がっていく。エサの豊富な汽水域が広い。

富栄養な水質であることに加え、汽水域のエサの豊富さも相まって、ここに生息しているコイは非常に太っている。びっくりするほどの大型も上がる川だ。

ただし、コイのエサ場となる浅場にはヘドロ混じりの泥が堆積している場所も多い。水温が高くなる夏にはヘドロからガスの気泡が見られる。複数の温排水の流れ込みのせいで平均水温も高い。そのため、真夏には釣果を出しにくい。

この川でのコイ釣りが本格化するのは気温が下がってくる秋以降であり、温排水を味方につける釣りを展開すれば釣果は出しやすくなる。

また、コンクリート護岸のため変化に乏しい川だと思われがちだが、じっくり見ていくとさまざまな流れの変化があり、コイたちはその変化のある場所をエサ場にしている。

温排水の流れと変化のある場所とを見極めれば釣果につながるだろう。そんな中でも、過去に大型が何尾も上がっている場所を紹介したい。

## ポイント1 末吉橋上流

鶴見川の中でも大きくカーブしている場所の1つであり、その内側はほぼ全域が浅場。この川の中でも最大のエサ場になっている。

また上手の対岸からは矢上川が温排水を運んでくる。冬に向かって気温が下がり始めると多くのコイが集まってくる。

流心は対岸寄りを流れており、遠投してしまうと塩分濃度の高い深場に入ってしまう。あくまでも近場ねらいが有効だ。

川の中心に旗が2ヵ所立っているが、これは船舶が通る時の浅場の標識になっている。旗よりも対岸寄りは一気に深くなって

ポイント1 水門より左側が上流。全体に浅場が広がっている

ポイント1 川の中央にある旗。旗より奥は深場になっている

## アクセス

神奈川1号横羽線・大師ICを下りて大師川原交差点を右折。R409を直進し堀川町を左折。しばらく直進し尻手交差点を左折し、鶴見川を渡る。下末吉交差点を右折して、上末吉郵便局付近のコインパーキングへ。

## その他

足場が高いため、3mほどの長さがある玉網が必要。周辺には住居が多く、センサー音や大声などで周囲に迷惑をかけないように。

いるので、投げても旗までの間に留めておくほうがよいだろう。

足もとのヘチに入れても水位さえあれば食ってくる。またこの場所は護岸に高さがあるので、昼間でも足もとで充分に釣ることができる。水位が高い時は手前をねらい、水位が下がるに従って徐々に奥に入れていくとよい。

なお、写真1の水門から上手は黒っぽい古い護岸で、少し行けば新しい白い護岸になっている。黒っぽい護岸部分は泥底だが、白い護岸から上手は工事の際の瓦礫が水中にたくさん残っている。

足もと寄りは完全にガレ場になっている。秋以降の釣行であれば泥底の場所を選択するほうがコイの数も多いようだ。

### ポイント2 末吉橋下流

ポイント1の下手、末吉橋を越えて50mほど下流側にあり、パチンコ店のLED看板が目印だ。コイ釣り経験者であれば、橋の橋脚付近やそのすぐ近くの出っ張った草むらからサオをだしたくなるが、その辺りの足もとはガレ場になっているので注意が必要だ。

ポイント2 パチンコ屋のLED看板の前がポイント

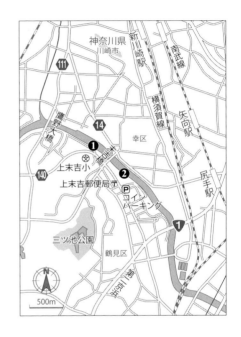

一方、橋脚から少し下手のポイントは、大きなカーブが緩やかになり、その中でもやや川が蛇行するカーブの内側にあたる。やや浅場の中に、もう少し浅い部分が足もとに広がる地形になっている。

水温が高めの時は、ガレ場を根掛かり覚悟でねらう手もあるが、水温が下がってくる秋以降はこの泥底のほうが効果的だ。

下流部からポイント1付近の広いエサ場に向けて、エサを取りながら上がってくるコイをねらい打つイメージでねらうと面白い。

こちらも護岸の足場は高い。昼間でもヘチで充分に食ってくる。サオ2本で釣る場合、1本をヘチに、もう1本は2～3mほど沖に入れる。そんな釣り方だと結果を出せるだろう（2014秋・森田）。

# 駐車場も近くワンデイ派におすすめ
# 相模川 ① 馬入ふれあい公園
### 神奈川県平塚市

## 概要

相模川は山中湖を源に忍野村の湧水を集め、神奈川県の中央部を南流し相模湾の湘南海岸に注ぐ。長さ109kmの河川で上流を桂川、河口付近は馬入川とも呼ばれている。

今回紹介するのは河口から2kmほどのところにある馬入ふれあい公園前（汽水域）である。

相模川は寒川堰から下が汽水域になる。なかでも温排水が入り込む湘南銀河大橋は有名だが、今回はそこから2kmほど下流にある釣り場だ。

相模川の汽水域は駐車に苦労するが、この馬入ふれあい公園に関しては大きな駐車場がある。利用時間は、8時半から21時15分まで。ワンデイフィッシング派にはうれしい。

ただ注意点としては、スポーツイベントが開催される時は早めに開放されることがある。渋滞や満車を回避するため、釣行時は早めに到着することをお勧めしたい。釣り場までは駐車場からは徒歩3分ほどなので、多少の荷物があっても苦ではないと思う。

さて、いよいよ本題に入るが、釣り場のイメージを簡単に紹介しよう。一級河川の汽水域ということもあり川幅は広い。約200m上流の西側（平塚市）には大きな中州が見え、そこから下流に向かって馬の背が延びている。

ちなみに本流筋は東側（茅ヶ崎市）対岸になる。いっぽう、下流にはプレジャーボートを係留する浮き桟橋がある。公園一帯の底質は湘南砂丘の砂地で岸際は泥が堆積。その他、所々にゴロタが点在している。

全体的にフラットな地形だが、この馬入ふれあい公園一帯は魚が多い。そのため入門者にはおすすめである。余談になるが、私はここで数多く魚を釣ってカープフィッシングを学んだ。シーズン通して楽しめるが、特に晩秋から初夏にかけて数、型ともにねらえる。

### ポイント1　遠投でねらう沖の馬の背

ここは公園の中間付近にあるポイントで

ポイント1　中潮の干潮時のようす。馬の背が露出している

ポイント2　係留船周りをねらうのでロープに注意

**アクセス**

東名高速道路・厚木ICを下りてR129を南下。堤町交差点を左折して馬入ふれあい公園駐車場へ。

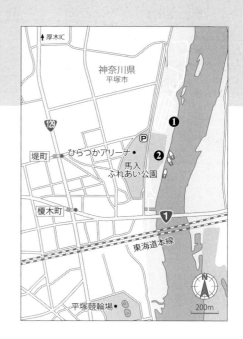

底質もよく、遠投派にはおすすめだ。釣り座は原っぱの中に通るコンクリートの窪んだ道が目印。

沖の馬の背までは約80m。フィーディングの手段として、スローイングスティック、カタパルト、ベイトロケットなど。いずれか1つは準備しておきたい。

状況にもよるが、このポイントは2桁釣果もねらえるのでぜひ挑戦していただきたい。注意点だが、干潮で馬の背が露出しすぎると魚は本流筋や下流の深場に移動してしまう。タイドグラフのチェックはもちろん、露出状況を見て釣りを組み立てていただきたい。

干潮時は下流の船溜まりに移動することをお勧めしたい。また、人気が少ない朝夕は岸際に複数のコイが寄っていることがある。時として大型も差して来るので、偏光グラスを使いストーキングスタイルでねらうのも面白い。

### ポイント2 大型が潜む船溜まり

このポイントは上流のように数釣りは期待できないが、比較的良型が揃う。岸から10mほどの所に2つの浮き桟橋がありプレジャーボートが数隻係留されている。

干満の変化によりねらうポイントは異なるが、基本は桟橋より内側だ。ちょい投げでねらえる距離のため、フィーディングは手撒きで充分。

私の場合フックベイツ周辺に20粒ほど撒いている。ベイトは好みがあるため、各自でいろいろ試していただきたい。

おそらく浮き桟橋周辺の水深1m以内を中心にねらえば答えは返って来るはずなので、あきらめずねらっていただきたい。

またファイト中の注意だが、船溜まりということで複数のロープが入っている。私自身アンカーロープに巻かれたことは一度もないが、岸から浮き桟橋につながれたロープは厄介だ。

ファイト中は、ロープにラインがこすらないようにロッドを寝かして慎重に獲り込む必要があるので注意していただきたい（2014秋・長澤）。

相模川のコイは足が速いが、群れが来た時にうまく釣れば連続ヒットがねらえる

# 急流育ちのグッドファイター
# 相模川②東名高速下
### 神奈川県厚木市

**概要**

　今回紹介するのは、相模川の東名高速道路の高架と相模大堰の間で、厚木市側のポイントだ。相模川は瀬が多く、川幅もそれほど広くない。しかしこの場所は堰があり川幅も広い。フルに遠投しても対岸には届かないだろう。

　対岸の海老名市側は車が横付けできるので、釣り人は多い。しかし紹介する右岸は担ぎ込みになるため、釣り人も少ないようだ。汽水域ではないので、春は他ジャンルの釣り人もいない。したがってゆったりとした気分でサオをだせる。

　ただ、釣り場の後ろ側は草が生い茂っているため夏場はおそらく入れないと思われる。私自身は春限定の釣り場と考えている。釣れるコイの平均サイズは70〜80cmで、私のここでの最大魚は87cmだ。流速があるポイントなので、掛けるとサイズ以上の素晴らしいファイトをみせてくれる。また、私の印象では、平均サイズ自体も年々上がってきている感じがしている。相模川は関東の河川のなかでもボイリーの使用率が非常に高く、もしかしたら、そのことも関係しているのかもしれない。

　水深は測ったことがないので正確には分からないが、比較的あるほうだと思う。さらにこの厚木側は足場が少し高いので、余計にそう感じられるかもしれない。

　底質は全体に硬め。オモリは、流れが速い所をねらう場合は30号くらいが必要になるかもしれない。私は25号までで間に合っている。

**橋脚下の馬の背をねらう**

　釣り場は橋脚付近から下流側の堰に向かって70〜80mほどの区間。沖にブイが浮かんでおり、ブイのラインから堰寄りは釣り禁止エリアになるので注意が必要。また、場所によっては水面まで距離があるので、玉網やランディングネットの柄は長いものが必要になる。

　流れは一見して変化に乏しい川相のよう

写真は海老名側。対岸が今回解説している右岸だ

相模川はボイリーで釣っている人が多い

### アクセス

厚木 IC を下り、R129 を本厚木方向へ北上。東名高速の高架をくぐって最初の信号を斜め右方向へ。最初の角を右折し、突き当たりまで直進。突き当たりを左折して少し行くと左側にコインパーキング。釣り場へは、パーキングの斜め向かいにあるソニーの横から川沿いの道に出れば高速道路の高架が見える。駐車場から徒歩約 10 分。

### その他

日券 800 円（現場売り 1400 円）、年券 1 万 2000 円。相模川漁連（Tel 046・210・3033）。遊漁券取扱、釣り場情報はアウトドアワールド厚木店（Tel 046・250・5122）等で。

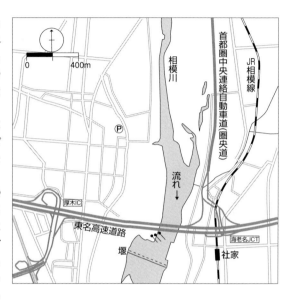

だが、偏光グラスをかけて見ると、東名高速の橋脚下手にそれぞれ馬の背があることが分かる。ポイントは、一番手前と 2 列目の橋脚下手で、この馬の背でできたカケアガリがポイントになる。

馬の背は、橋脚から下流の堰に向かって釣り場と同じ長さほど続いている。ポイントには困らないはずだ。

ねらいやすいのは一番手前の橋脚でできた馬の背。しかもこの馬の背だけは途中から 2 つに分かれている。1 つは真っすぐ堰に向かって伸びているが、もう 1 つは堰に近づくほど岸から離れていき、変化に富んでいる。平水時は大堰の海老名側だけが開いているため、馬の背がこのようなかたちになっているのだ。

馬の背の手前側、奥側、2 つに分かれた間など、ポイントは豊富。2 列目の橋脚まではフル遠投しないと届かないだろう。遠投と正確性に自信のある人はねらってみると面白いだろう。

前記したとおり、偏光グラスがあると馬の背の位置を把握しやすい。釣果にも断然差が出るので、釣行の際にはぜひ用意していただきたい。

最後に、釣り場の足元はコンクリートなどで補強されていないため、増水の度に土が削られていく。不用意に水際に立つと崩れて落ちる危険もある。落ちると這い上がれないので特に注意してほしい。また、遊漁券も必要なのでお忘れなく。

（2014 月刊『つり人』6 月号記事に加筆・森田）。

サイズ以上のファイトをみせてくれる相模川のコイ

## コンパクトながら変化の多い汽水湖
# 北潟湖 福井県あわら市

**概要**

　北潟湖は福井県あわら市と一部石川県にまたがる汽水湖である。大聖寺川河口に合流し日本海とつながる。海面との水位差がないため潮位の変動によって海水が流れ込みやすく、水門もあるが開いている時が多い。

　福井県内では三方湖に次いで3番目に大きな湖で、三方湖よりも塩分濃度が高く、フジツボが繁殖している。印象は三方湖に似るが水質的には水月湖に近い。周囲14km、全長6km、最大幅1km、最大水深4m、平均水深2.5mとコンパクトだが、湖岸が入り組んでワンドがいくつも連なり変化が多い。全体的に岸際の水深は1m足らずと非常に浅く、底の変化は少ない。地形、風向、潮位の変化を考えながらの釣りになる。釣期は北陸地方としては早く、4月からシーズンが始まり11月頃まで続く。流入河川では観音川が一番大きく、他は小河川がいくつも流れ込んでいる程度だ。底質は泥砂底の所が多く、根掛かりは少ないが、海寄りの浜坂辺りは沈木が多く、付着したフジツボでイトが切れやすい。目に見える障害物は延縄や竹杭、小規模な定置網。護岸帯はジャカゴやブロックが入っている。いずれにもフジツボが付いているので注意が必要。

　魚影は多く、サイズは60〜70cm。90cm台も上がるがスマートなコイが多い。超大ものがいないわけではないが、大ものが食う前に中・小型が掛かってしまうので、大型ねらいには、ボイリーを20mmのダブルで使うかそれ以上のサイズを使うのがよいと思う。ダンゴやコーンも有効だ。今回は、水の動きがよい釣り場を3ヵ所紹介する。いずれも秋に期待できる釣り場である。

**ポイント1　浜坂**

　ここは湖が絞られて狭くなっており、対岸まで60mほどしかない。水通しは抜群で常に水が動いている。三方湖の瀬戸のような感じだ。風も当たりやすく、潮位の変化も受けやすいため、魚の活性が高い。春〜秋にねらえる。対岸も岬なので、水の動

ポイント1　浜坂。S字型に狭くなり水通しは抜群

ポイント2の観音川吐き出し。春は川にコイが乗っ込む

### アクセス

北陸自動車道・金津 IC を下りて R 8 を北上。牛ノ谷信号機左折で県道 153 号へ。少し南下する方向で滝信号機右折、県道 120 号を北潟湖へ。

### その他

北潟漁協が管理。日券 500 円、年券 8000 円。トイレは吉崎御坊前と北潟湖畔荘にあり。北潟湖畔荘は 10 時 30 分〜15 時まで日帰り入浴可。大人 500 円、小学生 250 円。

きは複雑で、エサが溜まりやすく、魚が寄る所だ。水深は岸のブロック際で 1.5m 前後、沖でも 2m 前後。底質は硬い泥だ。春は、この岬の北にある大きなワンドもおすすめ。

対岸は船の運行に支障をきたすので投げ釣り禁止である。他魚をねらう人も多いので、トラブルのないように。

### ポイント2 観音川吐き出し

一番大きな流入河川の吐き出しで、年間を通してエサが豊富な所で、ハネも多く、釣果も安定している。春は産卵のためコイが遡上する。秋のキーワードは「北風」と「降雨」。北風が真正面から当たり、白波が護岸に当たっている時は特によく、夜も眠れないほど当たり続くこともある。まとまった降雨があった時、多くのエサが流れ込むので、よく当たる。水深は 1m 前後の所が多く、底質は泥底でカカリは少ないが、河口に竹杭、定置網、延縄があり、岸沿いはブロックが沈んでいるのでフジツボに注意する。

ポイント3 日ノ出橋。北潟湖を代表する釣り場の 1 つ

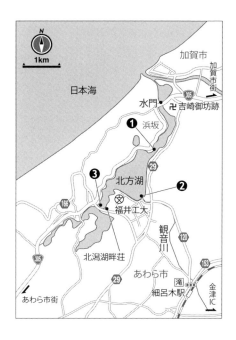

水深がないため、晩秋になると厳しくなる。秋の初期から中期にかけてがよいだろう。

### ポイント3 日ノ出橋

日ノ出橋の北側に位置する。北寄りの風が当たり、風によって水が回り、北湖と南湖の水が行き来するので水通しがよい。水深は 1〜1.5m で底質は硬い泥だ。

北風が強い時にはワンド内も水が動くので、中心部をねらっても面白い。セイゴやヘラブナ釣りの人が多く、配慮も必要。北潟湖畔荘に近いため、遊歩道を歩く観光客も多いので、エサ投入時には注意すること（2013 秋・吉村）。

## やさしく奥が深い二面性を持つ山上湖
# 山中湖　山梨県南都留郡

**概要**

富士五湖の1つである山中湖は五湖中で面積が最大であり、標高も約980mと一番高い。標高だけを見ると山上湖であるが、最大水深が約13mと浅いため、さほど縦の釣りを意識しなくても釣れる。その意味では入門者やファミリーに優しい釣り場といえる。逆にその平坦さゆえ、つかみ所がなく、難しい面もあり、一概に楽な釣り場であるとは言い切れない。

コイの釣期は6〜11月で、大きさを気にしなければ、この期間中なら魚の顔は見ることができる。サイズが伸びないイメージの山中湖だが、どでかい魚もいる。ただし大型をねらうとなると話は別で、好季は6月後半から7月初旬までとなる。

山中湖では天気がよい日であれば北側の釣り場から見える富士山は絶景であり、一見の価値がある。天気の急変が多いのも山中湖の特徴で、雨が降ってきたら真夏でも寒いので、相応の準備が必要だ。急な落雷にも注意しなくてはならない。

今回紹介する3ヵ所の釣り場は山中湖のなかでも足場がよく、釣りやすい場所である。

**ポイント1　桂川のアウトレット**

R138の明神前の信号を左折し、700mほど進むとなぎさボート店がある。その前の流れ出し付近が釣り場である。

ここは山中湖最大の流れ出しであり、そのため流れも強烈だ。水深は30m沖で3m、そのあとは緩やかに下がっていくが、所々に水草が点在しているから、その際をねらうのも面白い。左側にはボート屋の桟橋もあり、魚影は多いが、大型をねらう方には断然右側がおすすめである。流れ出しにはゴミの流出を防ぐためのネットがあるが、あまりネット付近をタイトにねらわないほうがよい。そのような所はバスボートが集まるからだ。このような釣り場ではやや遠投のほうが釣りやすいだろう。

**ポイント2　旭日丘**

R138の旭日丘の信号から東に500mほ

ポイント1　桂川が流れ出す右側が大もの向き

ポイント2　超浅場で、藻穴でじっくり待つ

### アクセス

東富士五湖道路・山中湖ICからR138を山中湖方面へ。明神前の信号を左折するとポイント1へ。右折するとポイント2、3へ。

### その他

遊漁料は日券600円、現場売り1200円。年券7500円。近くのレンタルボート店およびコンビニで購入できる。サオは2本まで。夜釣りは禁止。

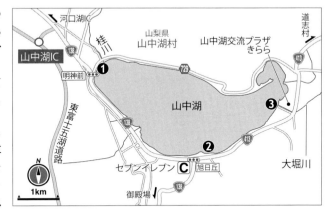

ど行くと、湖岸側の森の中に小さな駐車場がある。駐車場から湖畔に少し歩くと釣り場になる。

ところどころ浜が出ている所に釣り座を設け、釣りを始めると、あまりの浅さにきっと驚くだろう。7月ともなれば水草が一面に生えて、底を探っても正確なカウントはできない。しかし、魚影が多いのでこの状況でも普通に食ってくる。

水深は岸から50m沖で水深2m、80m沖で水深3mほどだ。底質は全体的に砂である。大型を釣りたい方はその中にある藻穴を探り、じっと待っていると釣れる。そのような所には必ず大型が回ってくるから、待つことが重要になる。

### ポイント3 大堀川の流れ込み

R138の旭日丘の信号を3kmほど東に進

ポイント3 大堀川の流れ込みは変化のある一級ポイント

むと、左側に「山中湖交流プラザきらら」がある。その手前の小さな橋の所を湖側に進んでいくと釣り場である。チェーンがかかり突き当たりに路上駐車となるが、漁師さんの車が通るので迷惑にならないように端に寄せて停めること。

釣り場は川を挟んで左右があるが、右側はきららの所有地になっているようなので釣りは控えたほうがよい。しかし左側のほうが魅力的なのでわざわざ川を渡ってまでサオをだす必要はない。川の正面は40m沖で急激に落ち込んでいて、よいポイントとなっている。そのアゴの所にゴミ溜まりがあり、その辺りにエサを落とせば普通に食ってくるだろう。また、流れ込みの左側も底に変化が多く、よい釣り場となっている。

水深は40m沖で約3m、その先からだんだん下がって行き、6mの深さまで打てる。ねらえる水深の幅が広いため、長い期間楽しめる釣り場といえる（2013春・乙黒）。

# 入門に好適な公園釣り場
# ちどり湖
### 山梨県山梨市

**概要**

　今回紹介するちどり湖は山梨県山梨市の万力公園内にある。ちどり湖は万力公園の北端に位置する人造湖だ。元々は農業用水の貯水池として作られたが、今では市民の憩いの場になっている。

　正方形の湖が上下に2つ繋がっていて、真ん中に堤が設けられている。面積は小さく、ゆっくり歩いても10分ほどで1周できる。最大水深は2mほどと浅く、水源はすぐ隣を流れる笛吹川から絶えず取り入れているので水質はよい。底質はほとんどが泥底だが、土底や砂底も場所によってある。

　ちどり湖は、かつては漁協が存在し、日々放流が行なわれる管理釣り場として地元民に親しまれていた。しかし、漁協の撤退とともに放流もなくなり、今現在、生息しているのは、過去に放流されたコイやヘラブナだ。

　しかし若いコイもチラホラ泳いでいるので自然繁殖ができているのかもしれない。釣り場は上下に別れている湖のなかでも主に上のエリアになる。下のエリアにもコイは生息しているが、おすすめはできない。何故ならば、過去に管理釣り場だった頃に使用されていた桟橋の鉄骨が湖の真ん中に残されていて、コイを掛けてもすぐに巻かれてしまうからだ。

　コイの数だが、お世辞にも多いとはいえない。しかし、きれいなコイが多く、何より釣り場の環境が最高だ。万力公園内にあるため各所に無料駐車場があり、きれいな公衆トイレもすぐ隣にある。

　ちどり湖がある万力公園内にはさまざまな施設があり、家族連れで来てもピクニック気分で楽しめる。釣り場自体も他の本格的な釣り場と違い、手軽にサオをだせる。

　釣れるコイのサイズだが60cm台から70cm台がアベレージ。しかし90cmを超えるような大ものも潜んでいるので油断は禁物だ。

　決まりごととして、ルアーフィッシングは禁止。そして釣れたコイは持ち帰らず、湖に戻すのがルールだ。よって、釣りをする際はアンフッキングマットを用意して優

湖畔にはベンチもあり、のんびり座って待つのもよい

沖島周りが鉄板だ

### アクセス

中央自動車道・勝沼ICを下りてR20、県道34号、R411と経由し県道204号、県道216号を直進しちどり湖へ。

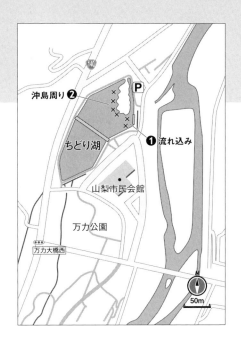

オススメのエサは手軽で釣果もよいボイリー。私はユーロカープのボイリーを使用しているが動物性、植物性どちらもよく釣れる。今まで通った経験からは、動物性のボイリーのほうがアタリは出やすい。

なお、このちどり湖には昔から通ってサオをだしている近所に住む常連さんも多い。見かけたら挨拶を交わし、話を聞いてみるのもおもしろいかもしれない。

他にも散歩にくる人やジョギングをしている人など地域住民の憩いの場になっている。マナーを守って気持ちのよい釣りを心がけたい。今回はポイントを2つ紹介したい。

### ポイント1 流れ込み

すぐ隣を流れる笛吹川から水が流れ込んでいる。もともと際立つポイントが少ないちどり湖では、まずここをねらってみたい。

エサを打つポイントは流れ込みの流れが落ち着くあたりがオススメ。この辺りは普段からコイの回遊ルートになっているので1年を通してねらえる。

ボイリーをフィーディングする時は半分にカットして流されにくくするとよい。

### ポイント2 沖島の周り

流れ込みから流入した砂が堆積して馬の背のように陸地を作り、そこにアシ原が広がる絶好のポイント。上のエリアに生息するコイの多くがこのポイント近辺を付き場にしている。

さらにアシ周りはエサも豊富で、離れた所から静かに見ているとアシに頭を突っ込んでエサを探すコイが見てとれる。

投入するポイントは、馬の背のように張り出している沖島周りがよい。島周りはかなり浅いが、よくコイがエサを探して回遊している。

少し岸から距離があるのでカタパルトやスローイングスティックを使ってフィーディングするとよい（2016秋冬・内藤）。

60～70cmがアベレージだが、大型も過去にあがっている

## 小さな隠れ家的カルデラ湖
# 四尾連湖 山梨県西八代郡

**概要**

　四尾連湖は、甲府盆地の南方、山梨県西八代郡市川三郷町にあるカルデラ湖である。御坂山地の最西部、蛾ヶ岳の山頂付近に位置する。江戸時代には、現在の富士五湖に泉水湖、明見湖、そして四尾連湖を加えた8つの湖が富士講における富士八海とされた。湖面標高は約880m、最大水深13m、周囲はたったの1.2kmしかない小さな湖だが、コイの魚影は意外に多いうえに、本格的にコイを釣る人が少ないので、釣りやすい湖といえるだろう。釣れるコイのサイズは60cmクラスが中心だが、かなりリアリティーのある120cmオーバーの話もあり、それをここに紹介したい。もう15年も前の話だが、私が通っていた大型釣具チェーン店の店長から聞いた話である。

　当時、店長の知人が子供と四尾連湖にキャンプに行き、市販の吸い込み仕掛けに「みどり」（マルキユー）の素練りを付けて、遊びで投げ込んでおいたサオに大ものがヒット。悪戦苦闘の末、やっと引き上げてみると、見たこともない大ゴイだったという。計測すると120cmジャスト。インスタントカメラで写真を1枚撮ってリリースしたといい、その写真を店長に見せたそうだ。店長は驚いて「これは日本記録だよ」と言うと、それではと、その写真を新聞社に送ったそうだ。ところが何日待っても記事は掲載されず、どうしたのかと問い合わせたところ、写真が暗いので没にしたといわれ、ならば写真を返却してほしいと頼むと、もう捨ててしまったといわれたそうだ。

　1枚しかない写真はなくなり、記録が幻となってしまうことを悔しがったその人は、もう一度その魚を釣ってやろうと本格的にコイ釣りを始め、東京から山梨まで幾度となく通ったが、ふたたびそのコイが釣れることはなかった。知人は毎週の長距離釣行に疲れ果て、とうとう山梨へ引っ越してしまったそうだ。

　その後、知人から店長に釣れたとの連絡はなく、やがて店長も地方に転勤になってしまい、ことの顛末は不明だが、いまだに新聞や雑誌に記事が載らないところを見ると、幻の120cmはおそらく健在であると思われる。

　この話が気になって筆者と釣友で何度かサオをだしてはみたが、残念ながら釣れるのは小型ばかり。腕と釣運に自信のある方はチャレンジしてみてはいかがだろうか。

ポイント1の水明荘前は魚影の多い釣り場

ポイント2からポイント1方向を望む

### アクセス

中央自動車道甲府南ICを下りて、R358を西へ向かい笛南中北1交差点でR140へ左折し市川三郷町方面へ。市川大門で県道4号、県道409号とコースをとり南下、四尾連湖へ。

### その他

四尾連湖自然環境保全の協力券が1日400円。夜釣り禁止。水明荘（Tel 055・272・1030）で購入可。

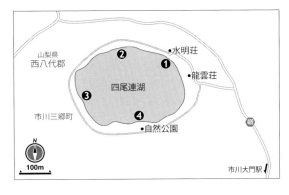

湖はほぼ円形で周囲に遊歩道が整備されており、15分程度で1周できてしまう。流れ込み、吐き出しともになく、湧水と雨水が水源となっている。湖底の形状はゆるやかなすり鉢状で、最深部は中心よりやや南寄りとのことだ。東岸に水明荘と龍雲荘という2軒のボート店があり、食事と宿泊が可能で、駐車場はそれぞれ20台程度は停められる。

休日は観光客、キャンパー、ローボート使用のバサーも少なくないので、サオは1人2本程度とし、なるべく春秋の平日に釣行したほうがゆっくり楽しめる。禁漁期間はないが、1〜3月は全面が薄く結氷することもある。小さく変化の少ない湖なので、ざっくりと各釣り場の解説をしておく。

### ポイント1

ボート店周辺は、岸から比較的水深があり、ポイント2に向かって徐々に遠浅になっている。私と釣友が昨秋、水明荘付近でサオをだしたところ、足もとに撒いた寄せエサにすぐコイが寄り、手ザオ、チョイ投げ、遠投のサオともに小型ながらアタリがあった。エサはダンゴでもボイリーでも食ってきた。

### ポイント2

この場所は浅場で水草が多く、この湖の場合、産卵期のハタキは主にここで行なわれており、乗っ込み期はこの藻場をねらう。夏休みシーズンは泳ぐ人もいるので避けたほうがよい。夜釣りが可能ならば面白そうだが、残念ながら夜釣りは禁止だ。

### ポイント3

ポイント2からポイント3にかけては、湖の中で最も遠浅な所で釣りの際には遠投が必要になる。この湖は全体的にこれといったカカリはなく、寄せエサによってどこでもポイントを作ることができると思う。

### ポイント4

ポイント3からポイント4に向かうと遠浅のダラダラ地形からだんだんと水深が増していくといった感じである。秋にねらうとよいだろう（2013春・丸山）。

ポイント3 遠浅で遠投有利な場所

# 富士山を眺めながら美ゴイねらい
# 河口湖① 山梨県南都留郡

**概要**

　河口湖は富士五湖の1つで標高833m、水深15.3mの湖。富士五湖の中で一番観光地化が進んでおり、湖畔にはホテル、土産物、博物館などが建ち並ぶ。遊覧船もあり、釣り客以外にも観光客で多いに賑わっている。

　初めて訪れると観光客や他の釣り人の多さに戸惑うくらいだ。観光客の前でコイを釣りあげるとギャラリーができ、少々恥ずかしい思いをすることがあるが、それがまた河口湖らしさともいえるだろう。

　湖畔にはいたるところに駐車場やトイレがあり、釣りがしやすい環境が整っている。これまでにも数々の大ものも釣られている。

　特に今年（2014）の初夏に開催された河口湖西湖鯉釣り大会では、ハイレベルな戦いが展開された。優勝、準優勝はメーターオーバー、上位入賞するには90cm後半を釣らなければならなかった。

　昨年の減水から平水に戻り、釣果も一気によくなった河口湖にぜひ足を運んでいただきたい。

　超大ものの目撃談もあるので、ビッグワンが姿を現わすかもしれない。夢のある釣り場でもある。

　また、『Carp Fishing』や他のコイ釣り雑誌にも何度も取り上げられており、全国でも有数のコイ釣りポイントになっている。

　釣れるコイのサイズに関しては、下は60～70cmから上はメータークラスまで幅広く、アベレージサイズというのは何とも申し上げにくい。ただ、釣れるコイはきれいな個体が多いのが魅力だ。

　富士山を眺めながら美ゴイねらいをぜひ皆さんにも味わっていただきたい。

　河口湖のベストシーズンは春だが、今回は秋から冬にかけても釣果が期待できる河口湖大橋の北側の産屋ヶ崎と小曲岬を紹介したい。

　ヒンヤリとした朝の空気を吸い、紅葉を眺めながらサオをだすのもよいだろう。

**ポイント1　産屋ヶ崎**

　ここは岬の先端で水通しがよい。また、橋桁等の障害物もあって秋だけでなく、年間通しての一級ポイントになっている。さ

20～30m投げると水深6～7m。キャストの際は橋に注意

こちらも20～30m投げると水深6～7m。向かい風なら近めをねらう

### アクセス

中央自動車道・河口湖ICを下りてR139を河口湖方面へ。東恋路交差点を右折し直進。河口湖大橋南を右折して各ポイントへ。

### その他

河口湖漁協（Tel 0555・76・6869）、遊漁料＝日券1050円、現場売り1550円、年券1万800円、シーズン券3600円

らに車の横付けが可能であり、トイレもある。コイ釣りの条件がすべて整ったポイントといえる。

この付近は水深もあり、晩秋までねらうことができる。釣り場は橋桁を境に左右に別れていて、右側は西風の時は向かい風になる。

左側は岬の先端で水通しがよく、今年もメータークラスが上がっている。水深は手前から深く、20〜30mも投げると7mラインに入り、40〜50m遠投すると逆に少し浅くなる。近めをねらいすぎると根掛かりが多いので注意したい。

### ポイント2 小曲岬

ちょっとした岬になっていて水通しがよい。近くには観光船の桟橋等の障害物もあり、コイの付き場になっている。

ここも駐車場になっていて車の横付けができて、すぐ近くにきれいなトイレもある。

このポイントも水深があり、20〜30m投げると水深7〜8m。遠投してもあまり変化はなく、フラットな底になっている。

秋の河口湖はやはりボイリーがおすすめだが春に比べてアタリは少なくなる。大き

ポイント2 小曲岬での釣果

さは15mmをメインに使い、クワセにはパイナップルやクランベリーなどのフルーツ系のボイリーを使うと、アピール力が高くおすすめだ。

河口湖はコイだけでなく、バスフィッシングを楽しむ釣り人も多い。バスボートにラインを持っていかれないように落としオモリを使ってミチイトをしっかり沈めるようにしたい。トラブルのないようにしよう。

湖岸の遊歩道には観光客も多く見られる。キャストの際は周りをよく確認し、怪我には充分に注意したい。

また、釣行時に出したゴミはしっかりと持ち帰り、マナーを守って釣りを楽しもう。

最後に山上湖の朝晩の冷え込みはきつい。上着は忘れずに持っていくように（2014秋・萩原）。

# ウイードを攻略して大ゴイゲット
# 河口湖② 山梨県南都留郡

## 概要

河口湖は富士五湖の1つであり、標高833m、周囲19km、最大水深15.3mの山上湖だ。これまで数多くの雑誌で取り上げられ、すでに釣り場は開拓し尽くされている湖だが、何度行っても新たな発見があり、魅力的な湖だと思う。

初めて訪れると観光客や他の釣り人の多さにおそらく戸惑うだろう。観光客の前でコイを釣ろうものなら、ちょっとした人だかりができてしまうことも。何度か恥ずかしい思いを経験している。

さすが観光地だけあって、湖畔にはいたるところに駐車場やトイレがあり、釣りがしやすい環境が整っている。

釣れるコイのサイズに関しては、下は60〜70cmから上はメータークラスまで幅広く、アベレージサイズは何とも申し上げにくいのが現状だ。過去にはメーターオーバーも釣られており、大ものの浪漫も持ち合わせている。

釣れるコイはどれも美しい。富士山を眺めながら美ゴイを追ってみてはいかがだろうか。

河口湖のベストシーズンは春だが、秋から冬にかけても面白い釣りができる。ご存じ秋の荒食いをねらえる。ヒンヤリとした空気を吸い、紅葉を愛でながら楽しんでみてはいかがだろうか。

秋の河口湖は夏の間に生えた藻が多く、藻を攻略することが釣果につながる。釣り場によっては超遠投が必要になる場合もある。

河口湖でコイ釣りのエサといえばボイリーというくらい使われている。やはりボイリーでの実績が高い。おすすめのボイリーはユーロカープ「クライマックス」、「シジミ」、「シリアル」等。他にはメインラインのボイリーでも実績が出ている。

## ロイヤルワンド

ここはワンドの入口が溶岩の岬になっていてシーズンを通して釣れる一級ポイン

ロイヤルワンド

西湖放水路

**アクセス**

中央自動車道・河口湖ICを下りてR139を河口湖方面へ。東恋路交差点を右折し直進して河口湖へ。

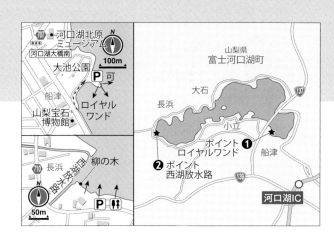

ト。河口湖鯉釣り大会やユーロカープカップで数々の入賞の実績がある釣り座だ。サオは岬の先端からだすのがよい。

藻は少なめなのでねらいやすい。人気ポイントだが、春と秋の大会以外は空いていることも多く、おすすめのポイントといえる。

水深は20～30m投げると4～5m。50～60m投げると水深は7～8mあり、秋の後半までねらえる。

私自身、過去には80cm台後半を2日間でアタリを40発もらい、爆釣した経験がある。

車はワンド沿いから進入可能であり、岬の手前まで入ることができる。

近くの大池公園には公衆トイレもあり、家族でファミリーフィッシングも楽しめる。釣り場は溶岩帯なので足元には注意が必要だ。

## 西湖放水路

ここは西湖から放水がある時がねらいめだ。西湖放水路から対岸のラジコン岬に向かって流れができるのでその手前をねらう。

ただし、放水中はコイだけではなく、ほかの魚種も活性が上がる。特にバスフィッシングファンが多いので、トラブルに注意。水深は吐き出しに近いほど浅い。またここは藻が多いので遠投でその先をねらうとよい。

柳の木の横かトイレ前からサオをだすのがおすすめだ。ねらうポイントはやはり放水路からの流れがキーになっている。流心に入れるより、その際に入れたほうが効果的だ。

秋はウイードがきついが、底探りをして、藻穴や切れ目にエサを入れる。また、全体的に浅いので、上の駐車場から偏光グラスをかけて眺めれば、ウイードを目視で確認できる場所もある。

小魚やエビが多いので、ボイリーは動物質系のものがおすすめだ。それをカタパルトかスローイングスティックで200～300g撒く。3～4尾釣れたら、ふたつかみほど追加しよう。あまり撒きすぎるとニゴイの猛攻に遭うので注意。ニゴイが掛かりだしたら、フックベイツを大きくするとよい（2015秋冬・萩原）。

河口湖で釣れたコイ

## 筋肉質なグッドファイターと勝負
# 精進湖 山梨県南都留郡

### 概要

精進湖は富士五湖の1つで周囲わずか6.8km。面積にして0.5km²と富士五湖中で最も湖水面積が小さい湖である。同じ富士五湖の西湖、本栖湖と同一の水脈を有しているので、水面標高も同じく約900m。湖水の水位が連動する傾向にある。最大水深は15.2mで河口湖と並び五湖中で3番目の深さである。

「精進湖といえばヘラブナ」といわれるほど、ヘラブナが有名。ヘラブナだけではなく、コイの数も多い。さらに、コイ釣りファンは近隣の河口湖、西湖などに集中するためポイントが埋まることもなくのんびりとサオをだすことができる。

ヘラブナ釣りのボートを固定するロープや、カヌー競技用のロープが各所に張ってあるので注意が必要だ。

シーズンは4月下旬から11月上旬まで。この期間は安定してコイの顔が見られる。釣れるコイは60〜70cm台がアベレージだが時折80cm台、90cm台も釣れる。

ここのコイは引き締まった筋肉質の個体が多く、60〜70cmでもよく引く。近くまで寄せてきても、下へ下へと底から引き離せない力強さがあるので毎回ハラハラドキドキのやり取りを楽しめる。

エサはダンゴ、ボイリーともに釣れるが、ダンゴはヘラやフナなども寄せてしまいジャミアタリが増えるので、ボイリーがおすすめだ。魚が多いのでフィーディングも多めにする。釣れた後も少しずつフィーディングを追加するとアタリも続く。

どのサイズのボイリーでもよく食ってくるが、ハイシーズンには20mmボトム&15mmポップアップのスノーマンや20mmダブルなど大きいシルエットのフックベイツでねらうと大型が釣れやすい。

湖畔の各所に無料の駐車スペースがあるので利用できる。釣りやすい湖だが山上湖らしい難しさも兼ね備えており、湖のカープフィッシングの楽しさを満喫できる魅力あふれる釣り場だ。

### ポイント1 矢鼻横のワンド

このポイントは左にワンドがあり、ワンドに入ってくるコイと本湖を回遊するコイ

ポイント1 左のサオはワンドをねらい、右のサオは本湖をねらうとよい

ポイント2 駐車場も広くエントリーしやすい

### アクセス

中央自動車道・富士吉田 IC を下りて R139 を西進。赤池交差点を右折して精進湖へ。

### その他

精進湖漁業協同組合（Tel 0555・87・2426）、遊漁料 600 円。

の両方をねらえる。湖畔に立ち、湖を見渡すとブレイクラインが水の色の違いでよく分かる。膝くらいの水深から一気に 3.5 〜 4m まで深くなり、その先は徐々に深くなっていく。

ワンド側も同じくらいの深さで奥にいくにつれて浅くなっていく。底質は砂底に薄く泥が積もった感じで所々に岩がある。ワンド内にはゴミ溜まりもありコイの回遊ルートになっている。

1本は本湖側、もう1本はワンド内と打ち分けながら探っていくとよい。ボトムのシングルよりポップアップを絡めていくとアタリがでやすい。

小さなワンドだがワンド奥にアシ原があり、流れは細いが流れ込みもあるため魚は多い。

### ポイント2　山田ワンド横

山田ワンドに張られているカヌー競技用のロープを避けながら担ぎ込む。ここはポイント1より魚は少ないが、右奥にある溶岩帯に居着いている大型が回遊してくる。じっくりと大ものをねらえるポイントだ。

ポイント2での釣果。無駄な贅肉がない筋肉質なコイが釣れる

背後が山の稜線になっているため、岸から 10m くらいで一気に水深 6m 近くまで落ちる急なカケアガリになり、その先はなだらかに落ちていく。

底質は砂底でカカリはない。チョイ投げでカケアガリの際をねらってもよいが、おすすめは沖だ。このポイントは岸から 70m ほど沖に、岸と平行にヘラブナ釣りの固定ロープが張られていて、ヘラブナ釣りのポイントになっている。溶岩帯に棲む大型がその残ったヘラエサを食べに回遊してくるため、ねらいめだ。

投げすぎるとロープに絡まるため 50 〜 60m をねらうとよい。フィーディングは点より面を意識して撒くとアタリも早い。大きめのボイリーでじっくりと大ものを待ちたい。

ヘラブナ釣りファンが入っている時は決して遠投しないこと。ルールを守って楽しもう（2014 秋・内藤）。

# 遠投不要！ ねらいは足もと
# 矢木羽湖　山梨県甲斐市

## 概要

　矢木羽湖は山梨県内では珍しい釣りが可能な、灌漑用水専用のアースダムである。のんびり歩いても20分ほどで1周できてしまう小さなダム湖だが、ウッドデッキに遊歩道、ベンチに芝生の広場などが整備されており、釣りを抜きにしても自然を満喫できる。

　例年2月の終わりから3月にかけて、湖の周囲に広がる梅園の梅が一斉に花を咲かせる。その頃になるとコイたちも徐々に動き始め、4月に入り遊歩道沿いに生えている桜が満開になると本格的にエサを摂り始める。そして梅雨が始まる6月にかけてが最盛期になる。

　流れ込みの水量が減る夏場は食いが落ちるが、涼しくなり始める9月の終わりから10月にかけて活性が上がっていく。釣れるコイのアベレージは70～80cm台が多いが90cm台もいる。傷の少ない綺麗なコイが多い。コイ以外にもメーターオーバーのハクレンやソウギョなどもいる。

　しかし、この矢木羽湖はなかなか難しい。コイ釣りファンは少ないのだが、ヘラブナ釣りやバサーが多いためフィッシングプレッシャーが高いからだ。ただ漠然とサオをだしてもなかなか釣れないのでポイントを絞り、待つ釣りよりも、攻める釣りでまずは1尾ねらいたい。

　そして、小型や中型がだんだんおとなしくなる秋から冬にかけて大型をねらっていきたい。今回紹介するのは矢木羽湖のなかでも群を抜いて魚影が多い流れ込みだ。ここは季節を問わずコイたちのエサ場であり、通り道になっている。

## 合流点下流

　遊歩道を川沿いに歩いていくと、水門から湖に水を落とし込んでいる流れ込みがある。このダム湖は珍しい造りになっていて、流れ込みから流れ出しが、ほぼ一直線

湖の周辺は整備されている。家族で訪れてもよいだろう

## アクセス

中央自動車道・甲府昭和ICを下りR20を諏訪方面へ。竜王駅入口交差点を右折。竜王駅前のT字路の交差点を右折して次の信号機のある交差点を左折してしばらく道なりに進む。敷島総合公園入口交差点を左折して進むと、右手に矢木羽湖が見えてくる。

になっている。そのため、流れ込みから奥のワンドにかけては湖水があまり動かず水質も悪くなりやすい。秋からの季節はターンオーバーの可能性も考えて水の動きのよい所をねらいたい。

流れ込み横のあぜ道を降りると、ちょっとした足場があり湖畔に降りられる。ただし狭いためバンクスティックかコンパクトなロッドポッドがおすすめだ。

矢木羽湖は奥のワンド以外、底がすり鉢状になっているため遠投は不要。流れ込み近辺でエサを探すコイをねらうため、流れ込みから奥のワンドに続くオーバーハングした木の下を目掛けて岸と平行に投げる。

岸から少し沖に入れるだけで水深はどんどん深くなっていく。そのため岸際から沖に徐々に探るとよい。クワセはダンゴもよいが、ヘラブナが多いため、ボイリーがおすすめ。

私は、まず匂いや味を底に残す目的でユーロカープの「サムライ」を卵大のダンゴにして5個ほどポイントに投げ入れ、ボイリーをフィーディング、しばらくおいてからフックベイツを入れている。

打ち返しは2時間ピッチでPVAに砕いたボイリー少量を入れている。クワセはボトムのシングルでフィーディングと同様のボイリーを使い警戒させないようにしたい。ポップアップボイリーを使ったKDリグやワフタータイプのシングルもおすすめだ。過去にはメータークラスの目撃例もあるので創意工夫して大ものをねらって頂きたい。

最後になるが、この釣り場は、先にも書いたように他の魚種をねらう釣り人や、遊歩道を散歩する方々も多いので、マナーを守り気持ちのよい釣りを心掛けて頂きたい（2015秋冬・内藤）

ねらいは流れ込み

釣れるコイは傷が少なくきれいなものが多い

# 大型も期待できるビギナー向け釣り場
# 琅鶴湖（水内ダム）
### 長野県長野市

## 概要

　犀川は長野市で千曲川（新潟県に入ってからは信濃川）に合流する一級河川で、上流の松本市から長野市までの間に5つのダムが作られ、治水・利水に利用されている。この水内ダムは琅鶴湖（ろうかくこ）と呼ばれ、上流から数えて3番目に位置する。ダムは1943年に完成し、発電専用に使われている。源流がアルプスの雪解け水なので早春は水温が低く食いが悪いが、夏は水温が上がりすぎず魚の活性が高く、冬場でもそれほど水温は下がらず、釣期の長い釣り場である。地形はカーブが多く水の流れもあるので魚の動きは良好。水深も深すぎず適度で、地元の釣り人にも人気がある。

　今回紹介する3つの釣り場はいずれも左岸にあり、すぐ際をR19が通り、周辺にはコンビニ、食堂、トイレなどがあり便利。また駐車場が広く、そのすぐ目の前が釣り場なので家族連れ、初心者や中級者にも最適なおすすめの釣り場である。

## ポイント1　新町橋下流左岸

　橋脚の下流側にゴミが溜まっており、そこをめがけて回遊してくるコイをねらえる。橋脚のすぐ下はテトラポッドや岩などのカカリが多いので10mくらい下流からねらう。橋脚の下流側の同距離にエサを打つことが大事だ。このラインにコイは入ってくる。キャスティング距離は約30m、ゆっくりとした流れがあるのでオモリは20号くらいが適当。水深は3～4mで砂地底。

　駐車場から続く道路があり、釣り座のすぐ後ろの道端に駐車できる。岸辺は護岸されていて、テトラポッドも投入されている。少々傾斜があり、滑りやすいので注意。また対岸への送電線が架かっているので、これに仕掛けを引っ掛けないようにキャスティングには気をつけたい。中大型が期待できる。

## ポイント2　太田川の流れ込み

　本流と太田川（だいたがわ）の合流点。

ポイント1の新町橋下流。橋脚の下流にエサが溜まる。下流から橋脚と同じラインにエサを打つことが重要

ポイント2　太田川の流れ込み。川の合流はどこでも好ポイント。砂が堆積した浅場は乗っ込み期にベスト

**アクセス**

長野自動車道・安曇野 IC から R19 を長野市方面に 30km。約 40 分。上信越自動車道・長野 IC からは長野南バイパスを経て、R19 を松本市方面へ 20km。約 30 分。

**その他**

遊漁料は日券前売り 1000 円、現場売りは 2000 円。年券 5000 円。サオは 2 本まで。夜釣り可。問い合わせは犀川殖産漁業協同組合管理 (Tel 026・262・2212　奇数日のみ)、上州屋長野川中島店 (Tel 026・285・7660)。

2 つの流れがぶつかって砂地の棚を形成している。流れが巻いていてゴミが溜まり、コイのよいエサ場となっている。遠浅で春の水温の上昇が早く、乗っ込みに適している。太田川からは残飯など栄養分が流れ込んでくるので魚影は多く、初心者や家族連れに最適。小中型が多い。広い駐車場のすぐ前が岸辺になっている。近くにはトイレ、ちょっと歩けばコンビニや商店街があり、何かと便利な釣り場。

ポイントは近く、10 〜 20 m のキャスティングで充分。深さは 2 〜 3 m で良質な砂地底、カカリはなく釣りやすい所だ。日当たりがよく、春の乗っ込みや夏の夜釣りにも適している。便利な人気釣り場なので多くの釣り人で賑わっている。

### ポイント3　信州新町美術館下

いったん沖に向かった流れが跳ね返ってくる場所がここ。信州新町美術館の下になる。流れがあり水通しがよいので、これを上り下りする魚をねらえる。キャスティング距離は 20 〜 30 m。深さは 3 〜 4 m。

ポイント3の信州新町美術館下流の釣り場。春から初冬までねらえる、釣期の長い釣り場

底は砂地からやや小石気味でカカリはない。上流右側のほうが流れのラインが遠いのでやや遠投し、下流左側は流れが近づくので近めのキャスティングになる。その下手の左側は大きなワンドになっていて、ここで流れは大きくカーブし対岸へ向かい始める。このワンドは遠浅で水温の上がりが早く、乗っ込み期に適している。釣り人が少ないので大型が期待できる。R19 から狭い農道を降りてくると広い駐車場があり、車はそこに駐車できる。釣り場は目の前で、平坦なので子供や女性にも安全な所。岸辺の足元にはテトラポッドが投入されている。春夏秋から初冬まで釣期が長い釣り場だ。周辺は畑が多いので農家の方々には充分な配慮をお願いしたい（2010 春・小林）。

# 巨ゴイ目撃談が絶えない信州の穴場
# 北竜湖 長野県飯山市

**概要**

　北竜湖は長野県飯山市、野沢温泉近く、標高500mほどにある、周囲2.2km、面積約20haの小さな自然湖だ。古くは「早乙女の池」と呼ばれ、農業用水の水源として付近の集落の水田を潤し続けている。

　上空から見るとハート形をしており、景観の美しさから信州有数の写真撮影スポットとしても人気を集めていて、特に春の桜と菜の花は写真家によく知られている。

　水源は湧水と雪解け水で、湖の誕生から枯渇したことがなく、いかにも人知れず育った巨大ゴイを秘していそうな雰囲気を持った湖だ。水の色は山上湖のそれに近く、富士五湖の河口湖や西湖に類似している。最大水深は6mと浅く、底は砂泥状で、これといったカカリもないので、寄せエサを上手に使えば、どこにでもポイントを作ることができそうな印象だ。

　湖岸は車で1周できるが、コイ釣りをする人の姿を見たことはなく、コイ釣り場としてはおそらく未開拓で、魚も多いとはいえない。しかし、コンディションのよい80cmクラスがサオを曲げてくれるし、地元では巨ゴイの目撃談も多く、コイの見物が観光名物にもなっているので、アタリは遠くても一発大ものの期待は持てる。

　釣期は4月下旬〜10月いっぱい。湧き水が豊富で水温が高いため、湖水は冬期でも全面結氷することはないが、雪に閉ざされ、春までシャーベット状になってしまうそうだ。

　釣りの対象となる魚種はコイ、ヘラブナ、マブナ、ニゴイ、スモールマウスバスといったところだろうか。特にスモールマウスバスの魚影は多く、コイのアタリを待つ間に少し離れた場所でスモールマウスバスを釣って遊んでもけっこう楽しめ、退屈しない。一方でモツゴやオイカワといった小魚の姿は全く見られなかった。

**ポイント1　ボート桟橋付近**

　桟橋、レストラン、キャンプ場など観光

ポイント1から見たポイント2（画面左）、ポイント3（右の岬）

ポイント1のボート桟橋の左側。足場がよく、魚も多い

**アクセス**

上信越自動車道・豊田飯山ICを下りて、R117を野沢温泉方面へ向かい北竜湖へ。

**その他**

遊漁料は日券700円。湖畔の「北竜湖の館」で。サオ数制限はないがボート釣りは禁止。

施設が並ぶため、水は栄養分を多く含む。そのうえ流れ込みもあるので当然、魚も多い。

岸から比較的なだらかなカケアガリが沖まで続き、足場もよく、サオのセットもしやすい。

ただ、キャンプ場前は日によってカヌーの出入りが多いのでトラブルのないように注意したい。

### ポイント2 桜並木下

約200mに渡って桜並木となっている。北竜湖のヌシといわれる巨大なコイがよく現われる場所とされている。体長1mを超える大ゴイが、悠然と岸近くを時計回りに泳ぐ姿が幾度となく目撃されていると聞く。姿を現わすのは午後3～4時の間に集中しているという。このコイを目撃した人は願いがかなうともいわれている。

このポイントは道路から水際までが3～4mもの落差がある急斜面になっているうえに、割と急深で長ザオは扱いづらい。

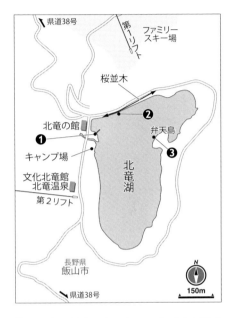

ポイント2。桜並木沿いに釣り場が点在。巨ゴイ目撃談の絶えない場所だ

岸近くを回遊するといわれる大ゴイを警戒させないためにも、船ザオの2m程度のものなど、ごく短いサオを使用するのが好ましい。

### ポイント3 弁天島周辺

湖に大きく突き出した岬。遠浅で藻が多く、典型的な乗っ込み釣り場の要素を備えており、6月頃の産卵期にはよいポイントになると思われる。

この場所は眺めがよく、晴れた日には妙高山がよく見える。

北竜湖は私自身、まだ釣りきったわけではなく、未開の好ポイントはまだまだあると思われるので、興味を持たれた方はぜひサオをだされてはいかがだろうか（2012春・丸山）。

# 釣果確実！ 魚影の多いビギナー向け釣り場
## 可児川　岐阜県可児市

**概要**

　可児川は瑞浪市に源を発し、可児郡御嵩町を流れ、同市土田で木曽川に合流する一級河川だ。川幅は広くなく、初めて見る方は「こんな浅場で」と思うだろうが、いくつもある堰堤の上は水量が多く、よい釣り場となっている。可児川漁協の放流も手伝って大変魚影が多い。

　紹介する2ヵ所は足場がよく、ファミリー釣行にも最適だ。ただ、駐車スペースが少ないので住民の迷惑にならないように。特に石森は駐車スペースがなく、必然的に担ぎ込みとなる。

　コイのサイズは60～70cmの中型が多く、80cm台も釣れている。雨後の少し流れが出た時はねらいめだが、浅い川なので大雨後は非常に流れが強く、釣りにならないこともある。一年中釣れるが、やはり早春から晩秋までが好期である。

　タックルは普段から使い慣れたもので充分。エサもダンゴ、ボイリーどちらでも釣果は出ているので、日ごろ使っているものでよいだろう。

　ボイリーでの注意点を2つ挙げると、水鳥が多く、浅場では、フィーディングしたボイリーやクワセを水鳥が潜って食べてしまうことがある。私も鳥に食われて、釣りにならないことがあった。カメも非常に多く、水温が高い時期はボイリーが食べられてしまうので、イミテーションベイトも用意するとよい。

　サオ立ては投げ用三脚かロッドポッド、ピトン、アングル式、なんでも使用可能だ。

**ポイント1　石森**

　R21を可児市街へ向かい、可児川の高架橋を渡りながら上流を見ると堰堤が見える。その周辺が石森の釣り場で、サオだしは左岸に限られる。

　可児川で最も変化のある一級ポイントだ。堰堤の上流にある橋の上から見ると地形の変化がよく分かる。底質は泥とこぶし大の石が混じった感じで、所々に大きな石もある。

　上流左岸にある水門辺りまでが釣り場で

ポイント1　石森のポイント。可児川のなかでも一級ポイントである

ポイント2　中恵土公民館前のポイント。浅場だが魚影は多い

**アクセス**

東海環状自動車道・可児御嵩ICを下り、R21・可児御嵩バイパスにて可児市街方面へ。左手にカインズホームが見え、高架橋を渡った交差点信号を右折すると石森。左折すると中恵土公民館前のポイントだ。

**その他**

遊漁料は大人日券500円、年券3000円。中学生以下無料。70歳以上は日券250円、年券2000円。上州屋可児店（Tel 0574・63・6863）で購入できる。

ある。この水門付近で流れの筋が左岸に寄り、左にカーブするにつれて右岸側に寄り、橋の辺りで完全に右岸に移る。

数十メートル動くだけで、水深が大きく変わるので、カケアガリをねらうのが基本パターンである。

水深は数十センチの浅場から3mくらいまで変化に富む。上流部にはアシもあり産卵時期にはよくハネがある。上流の水門辺りもよく跳ねる。

### ポイント2 中恵土公民館前

石森のポイントから約1km下流にある中恵土公民館周辺が釣り場で、公民館前に駐車スペースがある。川幅は比較的広く、両岸ともサオだしが可能。ただ、直線的な護岸で川の流れもストレートであり、変化が少ない。

堰堤上流に歩行者、自転車専用の青い橋があり、橋の上からコイの姿が見える。水深はこの辺りはさらに浅く数十センチ～2m。水が澄んでいる時は川底も確認できる。底の変化も乏しく、橋の下流にわずかな変

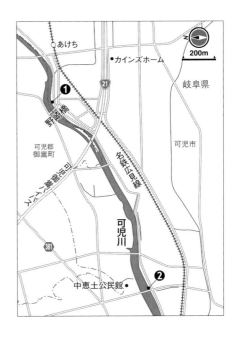

可児川のアベレージサイズ。よく肥えている。石森にて

化がある。底質は泥と砂混じりで、石は少ない。

右岸の水路の吐き出しがわずかに深くなっている。堰堤に近づくにつれて深くなるが変化は少ない。上流にアシが広がり、産卵時期にはハタキが確認できる。この辺りにコイの姿が見えれば春本番といったところだ。

水温が上がると非常に藻が多くなるので、藻穴や切れ目をねらう。台風や大雨があれば、藻が流されるので釣りやすくなる。

いずれにせよ、春は浅場でコイの動きを確認。秋以降は橋から眺めて藻穴や切れ目の回遊ルートを確認。水路の吐き出しなどの小さな変化がある所をねらっての釣りになる（2010秋・吉村）。

# 小規模ながら変化に富むダム湖
# 小渕湖 岐阜県可児市

## 概要

　小渕ダムは可児市東部に位置する日本で最初にできたロックフィルダムで、駐車場、トイレ、遊歩道が完備し、各釣り場へアクセスしやすい。ただし車横付けの場所は少なく、担ぎ込みを考えて荷物はコンパクトにまとめたい。

　この湖は周囲約2kmと小規模ながら変化に富んでおり、勉強になることが多い。バックウオーター、アシ原、大小のワンド、流れ込み、岩、岬、沈木、橋脚、水田跡も備えている。ダムの歴史も古く、コイの数、大きさもピカイチで、未確認だが地元の方がメーターオーバーを釣ったと聞く。ちなみに私は90cm台止まりだ。この湖で経験を積み、ポイントを見極める力をつけ、大規模な釣り場に挑戦する。そんな釣り道場的なフィールドだ。

　釣期は春から夏まで限定の釣り場といえる。秋から冬は大減水し、小さな池程度になる。ウキ釣りならまだしもブッコミ釣りには適さない。ただこの大減水期は底の状態がよく分かるので、写真を撮ったり記録しておけば、非常に役立つ。

　エサはボイリー、ダンゴでOK。地元の方はサツマイモを主に使っている。サオ立ては場所により向き不向きがあるので、自分のサオに合ったものを2種類持って行けばよいだろう。

　今回は私がよく行く3ヵ所を紹介する。写真は減水期のものなので、参考にしていただきたい。

## ポイント1　志野大橋駐車場下

　可児市街から志野大橋を渡り、右に曲がってすぐの駐車場裏が釣り場。上から見ると、少し岬状に出ている所がある。上流にバックウオーター、アシ原などの産卵場所があり、早春から必ずコイが立ち寄る場所だ。産卵前後のコイが釣れてくるので待機場所ともいえる。

　左側には小ワンドがあり、ワンド奥には小川が流れ込む。ワンド内は減水期に枯れ草がたまり、あまりよくないが、岬は水通しがよい。この岬の先端辺りのカケアガリ

ポイント1　志野大橋駐車場下は早春からコイが姿を見せる。岬先端のカケアガリをねらう

ポイント2　カーブミラー下。東岸で最も張り出した岬。春に期待できる釣り場だ

### アクセス

東海環状自動車道・可児御嵩 IC 信号を左折して R21 に入り「道の駅可児ッテ」がある交差点、可児御嵩 IC 東を右折、突き当たりを右折、久々利交差点信号を左折し道なりに土岐方面へ 5 分ほど。

### その他

遊漁料は大人・年券 3000 円、日券 500 円。中学生以下無料。70 歳以上は年券 2000 円、日券 250 円。上州屋可児店（Tel 0574・63・6863）で入手できる。

をねらう。ただし、その日によって当たる水深が違うので、探って釣りをしていただきたい。朝一番に魚影、モジリなどを見かけたら可能性大だ。

### ポイント2 カーブミラー下

志野大橋駐車場から奥に向かって1つめの、ミラーのある大きなカーブの真下が釣り場。東岸で一番張り出した岬で、左右からの流れ込みがぶつかりちょうど潮目の状態になる。さらに西からの風が吹けば最高で、アタリが連発する。

私も初期から入釣しているが、一番多くアタリをとっている。岬先端に岩が張り出しており、ラインの擦れに気をつけたい。満水状態でも上部の岩は露出しているので、岩の位置は把握しやすい。エサを打つのは岩を挟んで左右。どちらもよいが、私は向かって左側で釣果を得ている。春は特に安定した釣果が望める。ここもその日によって当たる場所が変わるので探る釣りになる。

### ポイント3 大ワンド奥流れ込み

この釣り場は湖の真ん中辺りの一番大きなワンドの奥にあり、あまり人目につかない。ポイント2からさらに奥へ行き、トイレがある駐車場から遊歩道を歩く。ここは底に田んぼ跡があり、山からの流れ込みの筋が湖底に落ちていき、岩も所々にあり変化に富んだ場所だ。

ただ、このワンドは南側にあり、後ろはすぐ山なので日当たりが悪い。小川の水も冷たいので春の中期から夏の釣り場。私もシーズン始めはポイント1と2を釣り、季節が進んでからこの釣り場に入る。車横付けでは味わえない感動があるのでぜひチャレンジしていただきたい（2011 春・吉村）。

ポイント3 大ワンド奥流れ込みは変化に富んだ釣り場。春の中期以降におすすめしたい

入門者におすすめしたいスレ知らずの釣り場
# 新境川 岐阜県各務原市

## 概要

　新境川は岐阜県各務原市の中央部を流れる木曽川水系の一級河川で、日本さくらの名所100選にも選ばれるほど桜は見事。川は浅く、幅も狭い。深みにコイの姿は見られるものの、釣り人は少なく、魚は全くスレていない。

　まずハネ、モジリを観察し、コイの気配が感じられる所を選ぶ。浅いので、サオをセットしたら離れて、気配を悟られないように釣りたい。

　紹介するのは中流部にある堰堤の上流で、水量があって、カーブ、橋脚、生活排水の流れ込みがあり、エサも溜まるので魚が多く、ビギナー向きの場所だ。コイ釣りを始めたばかりで、なんとか1尾という人におすすめしたい。

　私は、時間がない時やタックルのテストに訪れる。ただ、市街地に近く駐車スペースが少ないので、住民に迷惑をかけないように。また車の往来が激しいので注意してほしい。

　コイのサイズは60〜70cmが多く、私の記録は80cm台後半だ。一年を通してねらえるが、雨後の少し流れが出てササニゴリの時が最もよい。

　ベストシーズンは春から梅雨、秋が数も期待できる。ただし桜の開花期間は、お祭りでお花見客が多いので入釣は控えたほうが無難。

　タックルは使い慣れたもので充分。エサはダンゴかボイリーでよいが、私がおすすめするのは食パンかポップアップボイリーを浮かせて釣る方法で、勝負が早い。市街地の生活排水が流れ込む中小河川のコイは浮遊する物に反応する。コ式(小林重工)仕掛けを使っても面白い。

　サオ立てはロッドポッド、三脚がよい。護岸は高さがあるので、タモの柄は長いもの。コイをリリースする時も決して投げたりしないように。

　堰堤の上流と下流では漁協が違うので、遊漁券購入時は注意。今回紹介する上流側は長良川漁業協同組合の管轄だ。

### ポイント1　馬出橋下流排水流れ込み

　県道93号、馬出橋の下流右岸のカーブ

ポイント1　馬出橋下流の排水流れ込み付近

ポイント2　山崎橋から堰堤。写真のように護岸された町中の川だ

**アクセス**

東海北陸自動車道・岐阜各務原 IC を下り、R21 を美濃加茂方面へ進み、三井町交差点を左折。新境川右岸の県道 93 号を北上すると釣り場。途中で一方通行となるため、市民公園辺りで左岸を通る部分がある。

**その他**

長良川漁協が管理。日券 400 円、現場売り 600 円、年券 4000 円、中学生以下は無料。リールザオは 3 本まで。

外側に生活排水が流れ込む用水があり、水の落ち口も深く掘れているのでエサも溜まりやすく、いつもコイの姿を見かける。

本流の水深は 1 〜 1.5 m だが、この辺りはカーブしており、流れ込みがあるので 1.5 〜 2 m と深い。

目立ったカケアガリがないので、この排水口落ち口の流れの筋に沿ってエサを入れるか、橋脚下流側の流れが緩くなりエサが溜まる所をねらう。食パンなら排水口流れ込み上流側から流れにパンを乗せて、水の落ち口辺りで食わせるイメージで流すとヒットするだろう。

### ポイント2 山崎橋から堰堤

この辺りで水量が安定しているのは、県道 205 号の山崎橋から堰堤までの間だが、この堰堤は可動式なので水深が変わる。堰堤が閉じていて満水だと最深部で 2 m くらいだ。完全に開いて水を落とすと 1 〜 1.5 m になる。山崎橋の上流では底が露出することがあるが、普段は 1.5 〜 2 m に維持されていることが多い。

この山崎橋から堰堤まではカーブの終

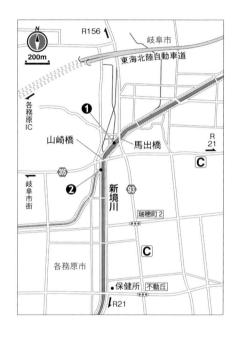

ポイント1で釣れた 80cm 台のコイ

わった直線部分である。ただ山崎橋上流側のカーブの影響で、左岸が浅くなっており、アシなどの水生植物も生えているので、春にはコイが底をついばんでいるようすを見かける。

両岸に桜の木が生い茂っているので影になり、コイは意外と岸寄りにいる。当然、エサの投入点も岸寄り。チョイ投げで OK だ。橋脚の下流側をねらってエサを入れても面白いだろう。

この釣り場は、この辺りで唯一、堰堤両岸に駐車スペースがあるので楽だが、車の通りが意外と多いから、サオをセットする時など注意が必要だ（2011 秋・吉村）。

春、ビギナーにおすすめの中河川
# 鳥羽川
岐阜県岐阜市

## 概要

　鳥羽川は岐阜市北部を流れ、長良川の支流の伊自良川に合流する一級河川である。都市河川によく見られる護岸された中河川で、上流部は非常に浅く、コイ釣りに適さない。コイ釣り可能な範囲は伊自良川合流から鳥羽川緑地辺りまでで、ポイントは限られる。生活排水が流れ込む影響で、水質は決してよいとはいえないが、コイの育つ環境としては悪くなく、特に春は期待できる。

　水深は全体的に浅くて1～2mの所が多いため釣りやすく、足場もよいのでビギナーやファミリーにおすすめだ。特に今回紹介する鳥羽川緑地前のポイント1と2は堤防下に公園があり、トイレもあるので安心して釣りができる。1と2の釣り場は、右岸が河川敷まで車が降りられるので、楽である。

　釣れるコイは60～70cmが多く、超大型がねらえる河川ではない。ベテランの方は、早春の肩慣らしで釣行すると楽しめるのではないだろうか。

　生活排水が入るため水温が高く、一年中釣ることができるが、特におすすめなのは春で、3月、暖かな日差しが降り注ぐと、産卵のため、いっせいに遡上を始める。合流する伊自良川よりはるかに水温が高いため、鳥羽川に遡上するコイが多く、魚が増えて釣りやすくなる。

　秋も釣れるが、浅いため藻が多くて釣りづらく、残った居着きのコイが主体となるので、春よりもアタリは減る。

　護岸された所が多いので、サオ立てはロッドポッドや三脚を使ったほうがよい。

　降雨後はゴミが多く、釣りにならないことも多いので、安定した天候のときに釣行するのがよい。

　左岸堤防道路は抜け道になっていて意外と交通量が多いので注意したい。春はヘラブナ釣りの人が多いので、お互いに譲り合って楽しみたい。

### ポイント1 鳥羽川緑地堰堤跡

　左岸、鳥羽川緑地テニスコート前辺りに

ポイント1の鳥羽川緑地堰堤跡。年間通してねらえる

ポイント2 流れを読みやすい鳥羽川緑地下流のカーブ

### アクセス

東海北陸自動車道・岐阜各務原ICからR21を西へ向かって約8kmの藪田交差点を右折し、県道77号を北上。正木北町北信号を左折し、300mほど北上すると岐阜市北部体育館。

### その他

長良川漁協が管理し、遊漁料は大人日券400円、現場売り600円、年券4000円。中学生以下は無料。リールザオは3本まで。

堰堤の跡があり、川の中央に橋脚跡のような突起物が出ている。この堰堤跡にコイが居着いているので、その周りをねらう。

特に中央の障害物周りや左岸際のゴミが溜まる辺り、堰堤跡を中心にねらうとアタリが多い。

水深は1～2mで、堰堤跡周辺が一番深い。この場所は1年を通してねらえる。

### ポイント2 鳥羽川緑地下流カーブ

鳥羽川緑地の最下流部辺りから左にカーブを描いている。この周辺では唯一、左岸と右岸の流れの筋がはっきり分かれて、肉眼で底の変化が分かる。当然カーブの外側の深場からへ浅場へのカケアガリにエサを打つことになる。

この場所もコイの姿をよく見る。下流にある橋の上から観察すると底の状態もよく分かる。水深は浅い所で数十センチ、深くても2m弱である。

### ポイント3 北部体育館下流カーブ

北部体育館の前から下流のカーブにかけて1m前後の浅場が続く。春、水温が上昇するとこの一帯でコイが産卵する。周辺は非常に浅く、春先でも水草があるので産卵にはうってつけの場所である。

底の変化は乏しいが、春の魚影はピカイチで、まさに春限定の釣り場といえる。産卵場となる藻場は底が丸見えで、エサを打っても見向きもしない。少し下流の伊鳥緑地グラウンド前から下流がねらいめで、底が見えなくなるカーブの内側から下流にかけて、産卵待機の群れをねらうほうがよい。

秋は全面にびっしりと水草が生えるので全く釣りにならない。

カーブ下流は駐車スペースが少ない（2012春・吉村）。

ポイント3 北部体育館下流カーブは春におすすめ

# コイもソウギョもメーター級
# 長良川 岐阜県羽島市

## 概要

　長良川は濃尾平野を代表するコイ釣り場だ。今回紹介するのも古くから知られた釣り場で、晩秋から早春にかけて有望な場所である。私もよく通って数多くのコイ、ソウギョを釣りあげている。

　岐阜市と羽島市の雑排水を集めた逆川が羽島大橋上流で合流し、その下流は水が栄養豊富で高水温なため魚影が多く、特に晩秋から早春まで魚が集まる。他のポイントでアタリが少なくなる頃にハイシーズンを迎えるという、釣り人にとってはうれしい場所だ。お世辞にも水は綺麗とはいえず、コイのサイズは60～70cm台が主体となるが、コイ、ソウギョともにメーターオーバーも釣れており、私もメーターオーバーのソウギョを釣っている。ただ、大雨で増水した時は、逆川から大量にゴミが流入しラインに絡まり、ポイント2と3は釣りにならないので、流れが落ち着いてからがねらいめである。

　タックルとエサは使い慣れた物で充分だ。護岸された所が多いため、サオ立てはロッドポッドや三脚が便利だが、ピトンやアングル式も場所によっては使える。

　エサに関しては吸い込みダンゴ、ボイリーのどちらでもよいが、私のイチオシのエサは食パンである。ゴミや浮遊物に興味のあるコイに最も有効なのは食パンやポップアップで、季節や状況により使い分けるとよい。春から晩秋までは小魚がうるさいのでポップアップを使うとよい。小魚が少ない時は食パンが非常に有効である。

　注意点は、河川敷内へ車で進入するには鍵を借りる必要があるということだ。国土交通省長良川第二出張所（Tel 058・398・8220）で鍵を借りることができる。当たり前のことだが自分の出したゴミは燃やしたりせず、各自の家庭にて処分をお願いしたい。雨後の河川敷は非常にぬかるむので、4WD車かそれなりの準備をして進入し、なるべく硬い地面の所を通るように心がけたい。

### ポイント1　逆川合流点

ポイント1　逆川合流。スレ気味だが魚影の多さは群を抜く

ポイント2　羽島大橋上流。ここも浅場で水深は1m程度

**アクセス**

名神高速道・羽島 IC を下りて、県道 46 号を北上し岐阜方面へ。福寿町浅平3交差点信号を左折し、県道 18 号を大垣方面へ 1kmほどで長良川羽島大橋。

**その他**

長良川漁協が管理し、遊漁料は日券 400 円、現場売り 600 円、年券 4000 円。中学生以下は無料。リールザオは 3 本まで。

流入する逆川のせいで水質は悪いが、魚影はピカイチである。ただ、このポイントは水深が 50cm～1m と非常に浅いうえに、堤防から近く足場もよいことから釣り人も多い。したがって魚がスレ気味なので、本流が増水して釣りにならない時がねらいめだ。そんな時は多くの魚類がここに逃げ込んでいるので大釣りする可能性が高い。水況のタイミングを見計らって入るとよいだろう。

### ポイント2 羽島大橋上流

羽島大橋の上流、河川敷進入口の真ん前の釣り場。昔は古い杭が残っていたが、今はほとんどない。合流した逆川の流れが落ち着く所で、水の色も長良川本流の水と逆川の汚水とはっきり 2 色に分かれる。その境目をねらう。水深は 1m 前後。この場所は増水した時は釣りにならないが、雨後、本流の流れが落ち着いてから平水時まで釣りになる。私は晩秋や早春にこの場所でソウギョを数多く釣りあげている。

ポイント3 羽島大橋下流。冬期もねらえる人気ポイント

### ポイント3 羽島大橋下流

この釣り場は冬季にも人気があり、水深は 1.5～2.5m で、周辺で最も変化に富んだポイントだ。この辺りまで来るとゆったりした流れになり、漂流物も気にならない。ただし雨後は漂流物が多いので落としオモリが必要だ。

冬期は手前の深場にエサを入れるが、沖めでも食う。私が食パンで釣る際は、朝から昼までポイント 2 で釣り、昼、食いが悪くなる頃にこの場所に入って沖の流れの筋近くを回遊する魚をねらう。夕方になるとふたたびポイント 2 へ戻って釣るという方法で 1 日を効率よく使う（2012 秋・吉村）。

# 長良川の影に隠れた穴場
# 犀川　岐阜県瑞穂市

## 概要

　犀川は、豊臣秀吉が一夜にして建立したと伝えられる墨俣城の脇を流れ、長良川に注ぐ。長良川の陰に隠れ、コイ釣りは地元の方が楽しむ程度だ。しかし、墨俣城近辺は足場がよく、コイ釣りを始めたい方やファミリーにおすすめである。

　今回紹介する下流堤防は桜の名所として知られ、春には桜祭りが開催されて賑やかなので、静かにサオをだしたい方にはおすすめしない。コイ釣りは花見が終わってからがよい。釣期的にも葉桜になった頃に春のシーズン盛期を迎え、晩秋まで3シーズン楽しむことができる。夏は半ナイターがおすすめ。よく私は夕方から22時頃までの数時間の釣りで中型の数釣りを楽しんだ。

　この川は都市型河川で、川幅は50m前後。水深も1〜2mの所が多い。水質がよいぶん、コイは育ち、魚影もまずまずである。釣れる魚のサイズは60〜70cmの中型が多く、80cm台も珍しくない。私が知る限りで90cm台まで確認している。

　下流部右岸側は、お花見やお城の観光に来る人のための大駐車場が完備しているので、駐車に困ることはない。この駐車場以外は河川に進入できないため、担ぎ込みになる所が多い。しかし、堤防上にいくつか駐車スペースがあるのでポイントまでのアクセスは苦になるほどではない。

　タックルはカープロッド、磯ザオ、投げザオなどで充分。護岸の所が多いので、サオ立てはロッドポッドが便利だ。エサはボイリー、ダンゴでよい。ほとんど泥底なので、ポップアップを有効活用していただきたい。

## ポイント1　五六川合流点

　ここは犀川支流である五六川が合流する場所。この合流点から川幅が広くなる。犀川大橋から上流を見ると、水が澄んでいる時には地形がよく確認できる。

　本流と支流の合流点は馬の背状に浅くなっており、この馬の背が犀川大橋橋脚辺りまで続いている。このカケアガリ周辺を

ポイント1　五六川合流点。浅場で春向きの釣り場

ポイント2　犀川大橋下流左岸。中央の馬の背と岸寄りねらいで

**アクセス**

名神高速道・岐阜羽島ICを下りて県道46号を北へ。福寿町浅平3交差点を左折し県道18号へ。羽島大橋を渡り、大森交差点を右折し県道219号を北上、道なりに県道23号へ進み犀川大橋へ。

**その他**

長良川漁協が管理。大人は日券400円、現場売り600円、年券4000円。中学生以下は無料。リールザオは3本まで。

ねらう。

　水深は1〜2mで、合流点はゴミがよく流れてくるので、落としオモリで対策をしておくとよい。産卵期にはよくコイを見かける所で、春向きのポイントである。

### ポイント2　犀川大橋下流左岸

　犀川大橋から下流にかけて木の枝が張り出しており、この辺りに五六川から流れてきたゴミや藻が溜まる。そこに居着くコイをねらう。

　岸寄りが深くえぐれており、橋脚下流の中心部ほど浅くなる。川の中央は馬の背状になっており、橋脚すぐ下流の流れがぶつかる所から馬の背の浅場までをねらうと面白い。

　2本ザオならば、1本は橋脚から下流の馬の背まで、もう1本は岸寄りの木の枝辺りをねらうとよい。

### ポイント3　墨俣城上流カーブ

　墨俣城近辺は非常に浅く、藻が多い所で、夏は水面にも藻が顔を出し、釣りにならない。しかし、墨俣城上流の橋からはだんだんと深くなり、ちょうどカーブ辺りがねらいやすい。

　カーブの内側は護岸なので、サオ立てはロッドポッドが便利だ。カーブ外側もサオをだしやすい。

　ねらいはカーブ中心部よりやや外側だ。護岸工事の際に工事車両が使った道の名残りがあり、浅くなっている。その周辺がねらいめである。もう1つはやはり定番のカーブ内側岸寄りで、下流から岸寄りに入るコイをねらう。

　川幅が狭いので、対岸に釣り人がいないことを確認して投入する。対岸の釣り人とトラブルにならぬよう注意していただきたい。

　足場はよく、川岸には何もないので、人の気配を悟られないよう、水際から少し離れて待つとよい（2013春・吉村）。

ポイント3　墨俣城上流カーブ。浅場のため岸から下がって待つ

# 変動する水位がキー
# 川辺ダム
### 岐阜県加茂郡

**概要**

　川辺ダムは飛騨の野麦峠を源流域とした飛騨川を堰止め、昭和12年加茂郡川辺町に完成したダム湖である。このダムの5kmほど下流で、美濃加茂市と可児市の境にある今渡ダムで木曽川と合流する。

　川辺ダムの歴史は古く、中部電力の水力発電に運用され、岐阜県の漕艇場にもなっている。全国的に有名なコースとして知られ年中漕艇ボートの往来は絶えない

　私の目安になるが、春シーズンの開幕は、飛騨地方のなだれ注意報が消える頃か、3月下旬にスタート。そのまま夏の日中を避けて朝夕マヅメねらい。若いススキの穂が風に揺らぐ頃に深場のポイントをねらい、11月いっぱいでシーズンオフにしている。まれに真冬の風がない早朝は、湖面に薄く氷が張ることもある。

　コイヘルペスの問題で、漁協で毎年行なわれていたコイの放流はなくなったが、釣果に関係ない。近年は釣れるサイズはほとんどがきれいな中型クラス以上。年に数尾だが90cm台が釣れるようになってきた。

　ちなみにこのダムの産卵期は、例年4月中旬～5月中旬。去年は6月上旬までずれ込んでいたが、おそらく上流の雪が多く、水温の上昇が遅れたからだろうと推測している。

　ダム湖一帯は手付かずのポイントも多く、また夏から秋に湖岸の遊歩道からメーター級が目視できることも。カープフィッシングを知らないコイが多いのはいうまでもなく、心踊るダム湖だ。

**中電艇庫横**

　右岸の最下流部でダム本体が一望できる。チョイ投げで約1mの水深。50mも投げれば10mの深みに入る。上流岸側に産卵場のアシが生え、下流の発電水路付近にコイが居着いており、産卵前後のコイが行き来している。ダムゲート方向から扇状にアシ際までねらえるが、ゲート方向は水草が多く切れ目が重要だ。

　釣り座は足場もよく、駐車スペースも広い。ほとんど車横付けに近いスタイルでできる。私の一押しポイントだ。ただし、艇庫横なのでくれぐれも昼間はボートの邪魔にならないようにサオをセットしよう。

中電艇庫横のポイント

飯田川の吐き出し

**アクセス**

東海環状道・美濃加茂 IC を下り R41 バイパス高山方面に約 10 分。八百津方面 R418 に下り新山川橋北詰交差点を直進。約 50m で赤い新山川橋の手前を右折でダム湖右岸。そのまま直進で中電艇庫、山川橋を渡り右折で飯田川。

**その他**

飛騨川漁協の管理。遊漁料は日券 1020 円、年券 5140 円、サオは 3 本まで。ダム右岸上流約 300m に釣具の正盛軒（Tel 0574・53・2250）で購入可能。火曜定休

## 飯田川の吐き出し

　飯田川は中電艇庫の対岸少し上流に流れ込む。川の水深は 60cm 前後で、ダムに流れ出るにつれて深くなっていきガラ石が混ざる。雨が降り、濁りが入ると、コイが川をのぼるようになる。春一番にコイの動きが分かりやすい場所だ。田植えの濁り水と産卵が重なった時はかなりの確率で楽しめる。

　サオはアシの間からセットするため、サオ下でいきなり産卵が始まることもある。エサの投入点は、投げてもダムサイト方向に 30m くらいで充分。フィーディングも少量で OK だ。

　車は釣り座の裏側に停めている。大学の艇庫前だが、年に数日しか使用していないため問題ない。地元の年配者に気に入られている好ポイント。

　どちらのポイントにも共通することだが、タックル類は使いなれた物で充分。エサもボイリー、練りエサ、生きエサ等問わず自分流でよい。

　底にはかなりの数の流木等が沈んでいるので、底探りの1投目で根掛かりもありう

紹介したポイントで釣れた 80cm。きれいなコイが多いのが特徴だ

る。落としオモリは当たった時の根掛かりやラインブレイクを誘発するので注意。

　ダム湖なので当然水位は変わる。晴天の平水時でも 50 〜 60cm の変動があるのでサオセットには注意を。

　長靴が無難だ。大雨、台風時には濁流になり、全く釣りにならない。コンビニやスーパーがあり、トイレも湖岸沿いの東光寺公園・町民公民館や遊歩道の数ヵ所に整備されている。

　町の施設「やすらぎの家」では 200 円で入浴もできる。この環境がポイントから車で 2 〜 3 分にすべてある。

　R41 を約 1 時間北上で下呂温泉、岐阜市に南下すれば長良川鵜飼の観光名所も楽しめる（2015 春・馬場）。

# 90cm台も期待できる中流部の釣り場
# 木曽川　愛知県犬山市・岐阜県各務原市

### 概要

　木曽川は長野県鉢盛山を水源とし岐阜県、愛知県、三重県を流れて伊勢湾に注ぐ木曽川水系の本流で一級河川である。飲料水に使用されるだけあって水質がよい。今回はよく紹介される下流部ではなく、市街に近いながらも景観がすばらしい中流部の2ヵ所を紹介する。

　解説するのはライン大橋上流の釣り場で、橋に取水用堰があるため水量が豊富だが、山間のダム湖のように水深があるわけではなく、通常の河川と同じ考えでよい。ポイントは岸寄りに多く、地形や障害物、水の流れを考えてエサを投入することが大切である。底には拳大の石が多いが、紹介する場所はほぼ砂底と泥底で、エサも豊富だ。釣期は春から秋がよい。

　木曽川は木曽三川のなかで最も水質がよくて水温が低い。特に中流部は岩や石が多く、水温上昇が遅い。年によって違いはあるが、ゴールデンウイーク前後から釣れ始め、梅雨時期が最盛期だ。特に雨上がりは水量が増え、コイの活性が上がり接岸するのでおすすめだ。ただし長雨や台風で増水すると、濁りがきつくなるうえ、堰を全開して水を落としてしまい、釣りにならないこともある。

　木曽川は魚影が多いほうではないが、両釣り場とも魚が集まり、釣りやすい所である。魚の大きさは中型主体で、90cm台もねらえる。

　道具は使いなれたものでよい。岩が露出している所が多く、ミチイトは太めを使う。サオ立てはどんなタイプでも使用可能。車から離れるので荷物はコンパクトにまとめる。

　エサはボイリー、ダンゴ、どちらでもよい。撒きエサは禁止ではないが、飲料水に使われているので、少量にすること。

　近くには国宝、犬山城やテーマパークもあるので、ついでに観光するのもよい。

### ポイント1　新郷瀬川吐き出し

　新郷瀬川の吐き出し。高水温でエサが豊富なため、魚が多い。春も早くから釣れだ

ポイント1　新郷瀬川吐き出し

ポイント2　犬山橋上流右岸

### アクセス

東海北陸道・岐阜各務原 IC から R21 を美濃加茂方面へ。鵜沼東町交差点を右折し県道 27 号を南下。犬山橋手前信号を左折してポイント2へ。橋を渡り、すぐ右折するとポイント1へ。

### その他

愛北漁業協同組合が管理。遊漁料は日券 500 円、現場売り 1000 円、年券 6000 円、現場売り 7000 円（年券は顔写真要）。中学生以下、70 歳以上は無料。

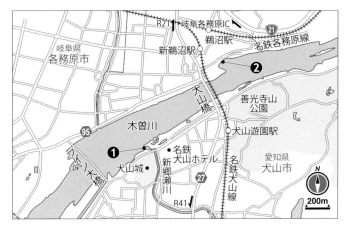

す。吐き出し上流の橋の上から見ると、春は多くの魚影を確認できる。魚の動きを見て釣ること。

水の落口は深く 3 m の所もあるが本流と合流する辺りは 50 cm 〜 1 m と浅く、拳大の石がゴロゴロしている。

ねらいは吐き出しの流れが落ち着いた辺りだ。ワンドになっており反転流ができる。ゴミが溜まる所がポイントだ。岸から近いので静かに釣る。この周辺は石底が多いが、ワンド内は泥と砂利や砂が溜まった感じで、ほかの魚の寄りもよい。春向きのポイントである。

名鉄犬山ホテル前が桜並木になっており、その木と木の間が駐車場となっている。トイレもあるので非常に便利だ。観光の人が多いので注意を払いたい。

### ポイント2 犬山橋上流右岸ワンド

犬山橋右岸から上流を望むと川に突き出た小高い岩山が見える。その岩山のすぐ上流が大きなワンドになっていて、乗っ込みシーズンは最高の釣り場となる。流れが岩山に当たり、ワンド内で大きな反転流となる。ねらいはワンドの中だ。

春はもちろん、梅雨期に増水した時や、本流の流れが速い時には、このワンドが魚の避難場所になるのでさらに期待できる。

水深は岩山岸壁寄りで 3 m 以上あり、ワンド内は 1 〜 2 m と浅い。底質は砂と泥で、所々に拳大の石もあるが気になるほどではない。ワンド奥の流れ込み周辺でよく跳ねる。流れ込みから少し離れた所で食わせるイメージでエサを投入する。流れ込みの左右のヘチやゴミの溜まるワンド中央もよいし、ワンド出入り口で入って来るコイをねらうのもよい。河川敷に駐車可能だが、民家が近いので迷惑にならないように（2014 春・吉村）。

木曽川中流部で釣れたレギュラーサイズ

# ショートロッドで楽しむライトカープ
# 小切戸川・蟹江川合流点

### 概要

　今回、紹介するのは海部郡蟹江町と、あま市にまたがる小切戸川・蟹江川合流点付近だ。水郷地帯である海部郡において、寒ベラ釣りのメッカになっており生命反応の高さがうかがえる。

　釣り場も護岸されており、コンクリートの足場もあり釣りやすい。近県の似たような環境の場所と違い、ブラックバスやブルーギルなどの魚影が少ない。そのぶんコイやフナが優先して生息しているようだ。

### 蟹江川合流部

　比較的幅の狭い蟹江川の中で、池のように広くなっているのが特徴。それでいて、水深は浅い。コンクリートの足場があり、高確率でヘラブナ釣りファンがいる。

　ただ、釣りができないほどひしめき合っているケースは少ない。釣りがしやすいポイントといえる。

　最も広くなっている場所から少し北に入ったポイントAは、季節やシーズンによって背の高い草が生えている。ただ、地面は土ではなく、コンクリートの足場になっているので草が刈ってあるタイミングで釣りをすれば、楽しめる。

　東側の岸は干潮になると地面が見えてしまうほど浅い。西側は深くなっているので、真ん中のカケアガリをねらってエサを投入するとよいだろう。浅場を回遊している魚がヒットする場合もある。

　また、手前を回遊している魚もいるので、手前もねらってみても面白い。

　西側のポイントBは特に足場が広くなっていて、余裕を持って釣りが楽しめる。チェアなどを持ち込んで釣りもできる。

　初めて訪れて、ポイントが分からなくても、探りながらテンポよく打ち直すと高確率で結果が出るだろう。

　下流のポイントCは東名阪自動車道の下になる。橋桁があり、変化があるだけではなく、雨を遮ってくれるので、雨天時でも楽しめる。ただ、満潮時などで極端に水位が上がると、足場まで水に浸かってしまうので注意が必要だ。

蟹江川合流部のポイントA付近

ポイントCは東名阪自動車道の下

# 愛知県海部郡

### アクセス

東名阪自動車道・蟹江ICを下りる。西尾張中央道を北に向かい、川並の交差点を東へ（右折）。蟹江IC東の交差点（ローソンあり）を北へ（左折）進む。神尾町東之割の交差点を東(右折)し、蟹江川の橋を渡った次の信号が無い道を南（右折）に行くと釣り場。

### 小切戸川

　こちらは、蟹江川に比べるとかなり川幅が狭くなり、雰囲気が変わる。堤防の道から川までが高い。足場は水位が上がると沈んでしまう幅の狭いところしかない。

　上から仕掛けを投入する形になる。柵があるので、ロッドポッドや三脚がなくても、そこにロッドを立て掛けて釣りができる。

　ランディングは、点在する階段を利用して、下りて行なうとよいだろう。それが億劫な場合は、磯ダモなどを用意して高い位置からランディングしてもよい。

　蟹江川とつながっているが、コイの性質が違うように感じる。蟹江川はアタリのある時間帯がランダムだが、小切戸川は1つの時間帯にアタリが集中する傾向にある。

　川の規模が小さく、水深もないので泡付けやモジリ、コイのようすなどを見てある程度、仕掛けを入れるポイントは見極められるだろう。

　的確なポイントに仕掛けを入れてもすぐにはアタリが出ないという状況がけっこう

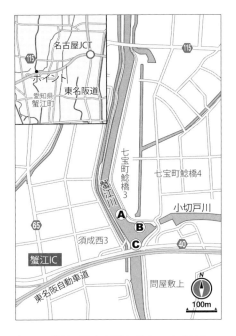

小切戸川での釣果

ある。だが、時合が訪れるとアタリはしっかり来る。その特徴を頭に入れて釣りを組み立てたい。

　全体的な傾向として、同じエサで釣りを続けると、アタリが出なくなる。通い込むようになったら、フレーバーを定期的に変えて釣っていくとよいだろう。

　川幅は比較的狭いので、周りの釣り人と譲り合いの精神で楽しんでいただきたい。また、自分が出したゴミは持ち帰るなどマナーを守って楽しもう。

　最新の釣果情報や何か分からないことがあったら、ぜひ釣具店「でんでんまる」までお問い合わせいただきたい。最新の釣果情報など持っている情報は惜しみなくお伝えしたい（2015春・伊藤）。

# 小河川でスレゴイと勝負
# 蟹江川 愛知県あま市

## 概要

　護岸された川沿いに作られた、「リバーサイドガーデン」という名前の公園になっている。公共施設なので、駐車場もある。人の生活と近い場所で釣りをする場合、駐車場所が気になるが、これなら安心だ。

　駐車場のある東側にモニュメントやベンチが用意されている敷地があり、川沿いにお散歩ができるコースも見られる。

　その横に柵があって蟹江川が流れている。柵を越えた下は絶壁になっているのではなく、幅の広いコンクリート護岸になっている。そこで釣りをすれば、散歩をしている方や、施設を利用している方の迷惑になることもなく、蟹江川で釣りが楽しめる。

　川幅が狭く、水深も浅いので、本格的なコイ釣りロッドや長いサオは必要なく、シーバスロッドやバスロッドを流用したライトなコイ釣りが楽しめる。ライトとはいえ、大ものが多いのでネットは必ず用意したい。

　4月頃から秋が深まるまで、上流から切れた水草が流れてきたり、藻が発生したりする。それをコイが捕食している。水面を意識しているので、パンなどの撒きエサをすると食べ始める。コ式などを使ったトップウオーターの釣りが楽しめる。

　ただ、水深が浅く水もクリアなので警戒心が強い。草や藻を食べていてもなかなか寄せエサには食いつかないという状況が続く。時間をかけて摂食する状態まで持っていきたい。

　コイの姿を見つけて、コイの多いエリアを絞っていくとよい。だが、濁りが入ってコイが見つけられない時は、泡付けを確認できれば、摂食が行なわれている証拠。フルーツ系など味と匂いが強いボイリーを利用するとよいだろう。

　下見をした8月下旬時点では、お盆を過ぎ、暑さのピークが終わっており、コイの活性が高いと感じた。ただ、秋が近づくと勢力の強い遅れて来る台風が大雨を降らす。その影響も懸念される。水位や濁り具合によってトップウオーターでねらうのか、底をねらうのか、作戦を考えてほしい。

川幅は狭いので、ポイント全体がよく見える。魚が多いエリアを見つけよう

川沿いには遊歩道が通っているので、アクセスは楽

#### アクセス

名古屋第二環状道路・甚目寺南ICを下りて北上。上古川交差点を左折し、しばらく直進。蟹江川を渡る橋の約200m手前の交差点を左折し、2つめの交差点を右折するとリバーサイドガーデンの駐車場。

潮の影響を受けて水深が変わったりするなど、状況の変化が激しい。状況に合わせて釣りを楽しんでほしい。

釣りがしやすいのは歩行者専用の橋「ガーデンブリッジ」からそれぞれ南と北の車が通る橋まで。

大雨や田んぼの関係で水が増え、満潮が重なるなどで、水位がかなり高くなる時がある。足場が浸かってしまうので、西側の柵手前から釣りをする。もしくは、人が少なく迷惑ではない場合、東側の柵の手前から釣りをするとよいだろう。その場合、柄が長いランディングネットが必要になる。

### ポイントA

南側の橋の下付近は魚が多い。エサになる浮遊物が多く、トップでねらう場合によくヒットする。ただ、この付近だけ足場がなく、絶壁になっている。掛けた後、柵の上からランディングできる柄の長い網を用意するか、足場のある場所から仕掛けを流してヒットさせ、引き寄せてランディングしたい。

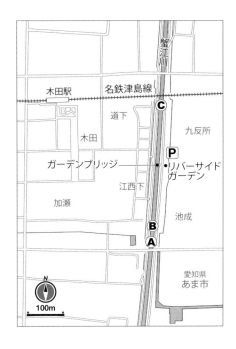

魚の数は多い

### ポイントB〜C

ポイントBには小さな水門があり、ここにも魚が寄っている。ガーデンブリッジから南側の端までの全体に浮遊物がある場合はコイが摂食しているので、寄せエサをして反応があれば釣れるチャンスは大きい。ガーデンブリッジは北側のほうが魚は集まる。Cの線路の橋下もねらいめだ（2015秋冬・伊藤）。

## ライトタックルで楽しむ乗っ込みゴイ
# 大膳川 愛知県海部郡

**概要**

　愛知県愛西市と海部郡蟹江町の境界に位置し、川という名が付いている三日月湖の様相で流れはほとんどない。すぐ隣を流れる日光川が乱流していた頃の名残と考えられている。

　大膳川は「日光川ウォーターパーク」という公園に隣接している。日光川と大膳川に囲まれた5.1haの公園の敷地内には軟式野球用グラウンド、ソフトボールグラウンド、1周1kmの散策園路がある。水と緑に恵まれた中でスポーツやウオーキングに利用され、地域住民のいこいの場になっている。

　広い駐車場とトイレが完備されており、釣りもしやすい環境だ。コイ以外にも昔、ヘラブナの放流が行なわれていたのでヘラブナも釣れる。遊漁料1000円が必要になる。

　他の海部郡の川に比べて魚が多いとはいえないが、乗っ込みシーズンになるとコイの釣果も上向き出す。これからが面白くなってくるフィールドである。

　この時期（春）に紹介した理由は2つある。まず、田んぼへの通水前だと水位が低いので、魚が集まっている場所を把握しやすい。2つめの理由は、春先はサオをだしやすいからだ。公園と隣接していない西岸は、秋の草刈りで更地になっている。春先はまだ草が伸びていないシーズンなので足場がよく、釣りがしやすい状況になっている。

　闇雲に仕掛けを投入してもアタリは期待できない。釣り場をよく観察し、魚のモジリが集中している場所を目視してポイントを絞り、仕掛けを投入したい。

　そういったポイントを見つけたら、寄せエサを撒いてじっくりねらいたい。とはいえ、ある程度待ってもアタリがない場合は見切りをつけ、移動しながら、コイの居場所を捜したほうが釣果は伸びるだろう。

　規模もそれほど大きくないのと、歩道も整備されているので魚がいる場所を捜すの

ポイント1　柵がないので、釣りやすいが手前は根掛かりしやすいので注意

ポイント2　秋に行なわれた草刈りで更地になっていて、サオがだしやすい

### アクセス

東名阪自動車道・蟹江IC下車、西尾張中央道を南へ向かう。学戸の交差点を西へ行き、日光川を渡って左折(南下)。左手に日光川ウォーターパークがあるので、駐車場に車を停めて釣り場へ。

は容易だ。

釣り方だが、釣れるコイのサイズは中小型が中心になるので、本格的なコイ釣りタックルよりも、ルアーロッドなどライトタックルで挑んだほうが面白い。

エサはボイリーでも練りエサでも、自分のスタイルに合ったものでよいだろう。ボイリーの場合、植物質系や動物質系のボイリーを数種類用意して、その日に反応がよいボイリーを探っていくとよいだろう。

### ポイント1

大膳川の北部。堤防沿いの道路に階段があり、そこから降りてアプローチ可能。東側は全体的に柵がなく、釣りがしやすい。

ワンドや流れ込みなど地形も豊富。岸沿いはかなり浅いので根掛かりに注意。

### ポイント2

ポイント1から回っていくか、南側の歩道からアクセスする。秋の草刈りで更地になっているスペースが多く、通行人に邪魔

ポイント3 通行人の邪魔になるのでサオをだす場合はこの突き出たテラスから

にならずに釣りができる場所が多いのが特徴だ。

この辺りも流れ込みとワンドがあり、ねらうポイントは分かりやすい。

### ポイント3

ウォーターパークに隣接した東岸。歩道で釣りをすると迷惑になるので注意。柵はしてあるが、3つほど川に突き出したスペースがあり、ここで釣りをすれば問題ない。

柵は低いので長いネットを用意すればランディング可能。真ん中から南側のほうが水深もあり、魚のモジリも多く見られる。

公園に隣接しているため、ウオーキングなど人が近くを通ることも多い。キャストする際は周りをよく確認すること。

また、釣り禁止などにならないように自分が出したゴミは持ち帰るなど、マナーを守って釣りを楽しんでいただきたい(2016 春夏・伊藤)。

# ビッグベイトでカメを避けつつ大ゴイねらい
# 三ツ又池　愛知県弥富市

## 概要

　三ツ又池は複数の水路、川と直接繋がっており生き物の多様性に富む。公園が併設されており、駐車場とトイレが常備。市が主催する釣り大会のために作られた足場もあり釣りがしやすい。

　ただし、カメが多いのが難点だ。春から夏にかけてはボイリーでも練りエサでもかなり邪魔をされる。秋になれば、夏より数が減り、冬になるとさらに少なくなるので邪魔される確率は下がる。

　カメが多い時はポップアップなど目立つボイリーは避け、地味な色のボイリーを使うとよいだろう。寄せる力が強い動物質系のボイリーではなく、植物質系のボイリーをチョイスするのも手だが、カメが多い時は何を使っても猛攻を受ける。

　また、熱収縮チューブでボイリーをコーティングしてカメにかじられないようにするのもよいだろう。

　コイの密度は高い場所と低い場所の差があり、高いポイントに仕掛けを投入し、タイミングを合わせて釣果を得る釣り場だ。したがって、一日中、コンスタントに釣れることはないが、コツをつかめばミドルサイズを数尾という釣果も珍しくない。

　練りエサを使った数釣りを競う大会などの釣果をみていると、40〜50cm台と小型が上がっている。だが、秋から冬にかけてボイリーでじっくり待つ釣りをして釣りあげられたコイのアベレージは写真のように70cm以上となる。

　水草などが生えておらず、一見すると無機質なフィールドのようだ。だが、入り組んだ地形と複数の流れ込みなど変化に富んでおり、観察することによってポイントを絞り込みやすい。水深は浅く泥底だ。

　寒い時期でも、動物性フレーバーの実績が高い。基本的に生命感あふれる釣り場であり、ボイリーでねらっていてもニゴイやマブナなどのゲストが掛かることも多い。子どもと一緒に五目釣りを楽しむのもよいだろう。

　コイだけ釣りたいという人は、ふだん12mmや15mmのボイリーを使っている場合でも、ここでは思い切って20mmや16mmダブル、20mmダブルといったビッグベイト

ポイント2は水路からの流れ込みがあり、水通しがよく魚は多い

ポイント3の一段低い場所に作られた足場

### アクセス

東名阪道・蟹江 IC を下り、県道 65、66 号を南へ進み神戸新田交差点を右折して釣り場へ。

### その他

でんでんまる（Tel 0567・96・1477）。

を使うとよい。小型のハリ掛かりを避けて、大型のアタリをじっくり待てる。

釣り禁止にならないように最低限自分が出したゴミは持ち帰るなど釣り人としてのマナーを守って楽しみたい。

### ポイント1

駐車場からすぐ近くでアクセスしやすい。階段が設けられ、歩道より低い場所にスペースが作られている。ウオーキングなどをしている方々に迷惑をかけずに釣りができるポイントが2ヵ所あり、釣りがしやすい。

柵があるので、スカイポッドのように高い位置で使えるロッドポッドを用意したい。ロッドポッドを使わずに、柵にサオをかけて釣るのも一手。水路からも近く、魚の反応も多いポイントだ。

### ポイント2

島に繋がる歩道の橋の両サイドにコンクリートの足場があり、そこに釣り座を構えることができる。

東から流れ込む細い水路と繋がっており、橋の部分が狭くなっているなど複合的に要素が絡み合うポイントであり、魚の反応は良好だ。じっくりねらいたいポイント。

### ポイント3

市が主催する釣り大会のために作られた足場が、橋から橋の間に作られている。柵の一段下にスペースが設けられているので釣りがしやすい。スペースの川側にも柵があるが、かなり低い。ロッドポッドを利用しての釣りも違和感なく行なえる。

安全のため普段は柵に鍵がかけられている。釣りスペースに行くのに、またいでもいいが、鍵を開けて入りたい場合は、弥富市役所開発部農政課（Tel 0567・65・1111）に平日（月～金曜）に問い合わせるとよい（2016 秋冬・伊藤）。

ボイリーでねらうなら目標は 70cm 以上

## 自然と黄金色のコイに出会える清流
# 宮川　三重県度会郡

### 概要

　宮川は、三重県南部を流れる一級河川である。その延長は91kmあって、三重県のみを流れる河川としては最も長い。国土交通省の一級河川水質調査（BODを基準としている）で、平成3、12、14、15、18、19年に1位となっており、清流で知られる。三重県多気郡大台町と奈良県との県境の大台ヶ原山に源を発する。上流域は近畿の秘境とも日本三大渓谷の1つともいわれる大杉谷である。大内山川などの支流と合流しながら北東に流れ、伊勢市で伊勢湾に注ぐ。流域には多目的ダムの宮川ダムと三瀬谷ダムのほかに11のダムがある。中流域は茶の産地として三重県内では有名である。この中下流域にコイ釣りの好ポイントが点在している。ここではその中から3ヵ所を紹介する。

### ポイント1　千代（せんだい）

　中流域の最も景色がきれいな釣り場である。河原まで車で行くことができるが、河原を通行するには4WDでないと無理である。川幅は70mほどで、水深は最深部で7～8m。淵が150～200m続いており、大ものが潜んでいる。対岸は岩壁。そびえる断崖のきれいな景色を見ながら釣りができる。ヌシといわれる大魚と自然のなかで知恵比べを楽しみたい。

　ここでは釣り人をまず見かけない。いるのは魚とイノシシ、タヌキ、サルなどの野生動物だけだ。ここは宮川でも最も自然のなかで釣りをしていると実感できる場所だ。対岸の大きな岩や山と対峙しながら淵に潜む大型をねらえる釣り場といえる。春の産卵場所も近くに控えているので、ぜひ腕試しをしてほしい。

　近くにコンビニなどはないので自炊のできる準備が必要だ。

### ポイント2　立岡（たちおか）

　対岸の数十メートルある断崖の中腹に山道があり、そこから釣り場を見下ろすと透

ポイント1　素晴らしい景観を楽しみながら、長大な淵に潜むヌシをねらう

ポイント2　ここも対岸は断崖。冬の実績が高い釣り場

### アクセス

伊勢自動車道・勢和多気ICで下りて、R42を5分ほど南下し、新田交差点を左折して直進する。県道709号を宮川沿い（左岸）に走る。

### その他

下流の伊勢自動車道が高架で交差する辺りを中心に上下数キロが特に期待できる。両岸に沿道があり、河原に降りられる所は数ヵ所あるが、車は4WDでないと無理。

き通った水のなかに大型のコイの姿を確認できる。

最深部6～7mの淵が数十メートル続いており、そのカケアガリをねらう。春はもちろん、特に冬場の実績が高いポイントである。コイ釣りをする人はほとんどいない。自然のなかで自分の腕と根性を試すにはもってこいの場所だ。

匂いの強いダンゴエサを使うと、ニゴイの猛襲に遭うことは覚悟しなければならない。そこに宮川全体の難しさがある。

最近の止水域では多々の要因によって小魚が減り、その影響が少なくなってきているが、この宮川では小魚の猛襲をどう避けるかが1つの鍵を握るのだ。

琵琶湖やそのほかの釣り場で有効だったエサがニゴイの猛襲で使いにくいことも実証されている。このポイントも大型の実績がある。近所に店はないので準備はおこたりなく。

### ポイント3 宮リバー度会パーク前

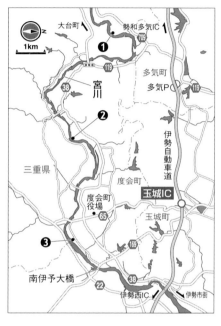

ポイント3 ニゴイが多いのでボイリーの活躍する場所である

中学校の前の道を河原に下ることができたが、最近、その道が崩れて普通の車では通行できない状態なので、公園の駐車場に車を停めて100mほど歩く。

ここは左岸から対岸の深場をねらう釣りだ。対岸は岩場の淵が200mほど続く。その淵に大ものが潜んでいる。ここも冬に実績があり、ポイントも広く釣りやすい。ただし、ここもニゴイが多いので注意。ボイリーならその心配も少ないだろう。

この場所へは伊勢自動車道の玉城ICから下りるほうが、勢和多気ICで下りるより時間を短縮できる。近くに店があって買い物もできるので便利である（2011春・丸林）。

# 乱杭帯で大ゴイと勝負
# 雲出川 三重県津市

## 概要

雲出川は奈良県の布引山脈を水源に三重県内を流れて伊勢湾に注ぐ、全長55kmの一級河川。R23の雲出橋の堰から下流は気水域になる。

主な釣り場は、上流が君ケ野ダム、中流域が、亀ヶ広、権現、古戸木橋、下流域は須賀瀬橋下手の牧地区、大正橋の上手と下手、舞出、木造、雲出橋周辺など。

雲出橋下から小野江辺りは、数、型ともに期待できるポイントだが、春の終わりから11月くらいまでは、ジェットスキーの往来が激しく、釣りにならないことが多々ある。

## ポイント1 木造(こつくり)

3月下旬〜4月上旬の雨量しだいで変ってくるが、この辺りは最深部で3〜4m。ここにコイの付き場があるようだ。

左岸側の木造周辺には岸際から10mほど前まで水中に石積みが見られる。満水時は、ラインが石の間に入らないように気を付けてほしい。JR鉄橋から200mほど上に水門があるが、この辺りは石積みもなく、サオをだしやすい。

JR橋脚から約15m上に乱杭が多くある。乱杭周辺では岸から35〜40mキャストして水深1.5m前後をねらう。川底は砂泥。食ったら、間違いなく乱杭に突っ込むので注意。サオを立てすぎないようにして、少しサオを倒して走りを止め、上に向かわせるようにするとよいだろう。

パワーの残っている時に、無理に岸に寄せようとすると水中の石積みにラインをこすられるので注意したい。

前日にまとまった雨が降った時は、中州から水門の吐き出し辺りがねらいめ。岸から近いため、静かに準備すること。

## ポイント2 甚目(はだめ)

木造に向かって、なだらかなに下がっていく。川底は砂泥だが、右岸の岸際には柔らかい土になっている。

雨量の多い時、南西や、西風が強い時は右岸に近い10〜15mの所に仕掛けを投入するとよい。ほかのサオは流心に近い辺りをねらい、川底にゴミが溜まっている箇

紀勢本線橋脚周辺の流れ

ポイント1で釣れた98cm

### アクセス

伊勢自動車道・久居 IC から R 165 を左折。近鉄の跨線橋の手前の側道突き当りを右折。近鉄久居駅を過ぎ、5分ほどで雲出川の須賀瀬大橋に出る。橋を渡らず堤防を左折して1kmほどで大正橋。

所が分かったら、その周辺をねらいたい。川底は浅いが、フラットではない。オモリで凸凹を調べてポイントを絞ろう。

もしも減水時で、右岸の川底が出ていたら、木造に向かって1m前後の浅いタナをねらう。木造も甚目も、アベレージは80cm前後。確率は低いが、90cm台からメーターもねらえる。

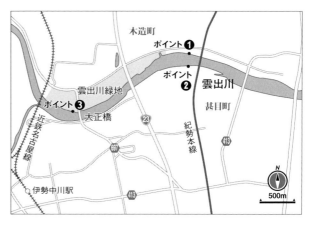

### ポイント3 大正橋

大正橋を中心に、上手は近鉄橋脚辺りまで、下流は300mほど下流にある堰までが釣り場。右岸上手の近鉄橋脚辺りには、中村川が流れ込んでおり、本流から中小型のコイが乗っ込んで来る。

90cm以上の大型は、合流点付近の水の動きが弱くなった本流のヨシや、点在している藻の辺りでハタキに入るようだ。橋脚から100mほどの所で川は大きく蛇行している。

流心は右岸から30m辺り。水温が上がってくると40～50m沖の水の動きのよい所にポイントは変わる。左岸の川底は小石と砂で、右岸の赤川のほうは砂泥。

大正橋の真下には、2年前に消波ブロックが入った。その際を少し掘ったので、3m前後の深さになっている。昔の橋の名残と思われる杭があり、その辺りと下の堰までの右岸石積みの深場にコイの付き場がある。

左岸側から右岸にかけて、カケアガリがある。35～40mキャストすると水深2～3mのタナに入るだろう。

右岸側の駐車スペースは、車の通行がけっこうあるので、堤防の広い所に1～2台。左岸側は堤防から駐車場までスロープがあり、鍵もかかっていない。駐車スペースも充分ある。駐車場から川岸まで、100mほどの距離で、比較的楽な担ぎ込みになる（2016春夏・溝川）。

メータークラスの実績も出ている

# 春は水路、秋は本湖で大ものねらい
# 琵琶湖 ①南湖東岸
## 滋賀県守山市

### 概要

　琵琶湖は滋賀県のほぼ中央に位置する、周囲長241kmの日本最大の湖である。ひと言で琵琶湖といってもあまりにも広く、釣り場は無数にあるといっても過言ではない。

　今回、紹介する守山市木浜周辺は大ものがねらえ、数釣りも楽しめる人気のポイントだ。また一部は家族連れでゆっくりとレジャーを楽しめるポイントとして紹介したい。

　以前から一級ポイントとしてずいぶんと話題になった木浜ではあったが、ここ6～7年は魚のスレや藻の異常繁殖などで敬遠されてきている感がある。特に北駐車場はカープアングラーの姿はほとんど見なくなった。

　しかし、最近になりフィッシングプレッシャーから解放されたコイたちはふたたび荒食いする傾向にあり、藻の対策をしっかり講じれば好結果につながる。

　仕掛けは私の場合、藻穴を見つけて20mmボイリーのスノーマンでねらうのが基本であるが、藻がどうしても切れない時はポップアップ単独で、ヘリコプターリグを使って藻の間からボイリーが顔を見せるような演出をして、好結果を残している。

　藻の多いこの釣り場はエビなどが繁殖しており、コイのよいエサになっていると思われる。私はシュリンプ系を中心に釣りを組み立てている。

　平均サイズは80cm台で、数釣りのなかに90cm台、メーターオーバーが混じる。南湖に特徴的なメタボリックな重量感のあるコイの引きを楽しめる、魅力ある釣り場だ。

### ポイント1　木浜3号水路

　木浜には琵琶湖に流れ込む5本の水路があり、春には大型のコイが遡上してくる。5本すべての水路及びその吐き出し周辺でアタリはある。過去に数多くのメーターオーバーが出ているが、今回はそのなかでも一番、水路の幅の広い3号水路を紹介する。

ポイント1　木浜3号水路。チョイ投げのためキャスティングの醍醐味はないが、春の乗っ込みに大型がねらえる場所。行き交うボートに注意

ポイント2　木浜1北駐車場。忘れ去られた一級ポイント。藻を攻略できれば数釣りも可能。最近、大もののアタリが戻ってきた

### アクセス

名神高速道路・栗東ICで下り、R8を近江八幡方面へ向かい、辻交差点を左折、琵琶湖大橋方面へ、琵琶湖大橋東詰め交差点を左折、数百メートルにて1号水路から順にポイントが続く。

### その他

木浜1北駐車場以外は、駐車スペースが狭いので注意。水路吐き出しは1～2台、水路側は路上駐車となる。また水路側は三角表示板などでサオと車の安全確保を。

川幅は20m程度、水深は1～1.5mで好期は春の乗っ込み時期である。それ以降は水温上昇に伴い、藻の繁殖が一気に進む。

水路の中は春限定で、以降は吐き出し周辺の本湖側を釣るのが望ましい。本湖は水深2～3mで底はフラットであり、藻穴を探してのキャスティングとなる。秋は遠投に分がある。水路はバスボートが琵琶湖に出る航路となっているため、落としオモリが必須である。

### ポイント2 木浜1北駐車場

過去にメーターオーバーの実績が多いが、前文でも紹介したように、ほとんどカープアングラーの姿は見かけない。今はバス釣りのメッカとなっている。

この釣り場は駐車可能台数も多く、釣り場も広いため、グループでの釣行も可能。芝生のスペースがあり、昼間は家族でBBQを楽しむなど家族サービスを兼ねた釣りが可能である。足場もよく、ビギナーも安心して釣りができるポイントである。

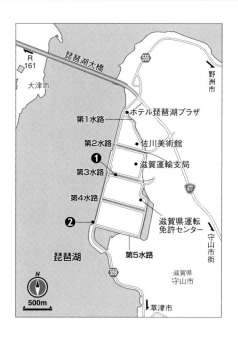

ポイント2で私が釣ったメーターオーバー

水深は2～3m、底はフラットで、早春から、藻が繁殖するまでの5月初めまでが好機となる。春は写真右側のヨシと杭近くを中心に藻穴を見つけて投入するのがコツ。秋以降は徐々に藻が切れてくるので、本湖向きに70～80m程度の遠投に分がある。沖合に琵琶湖特有の湖の流れがあり水通しがよく、その境目の藻の切れ目をねらう。平均80cmを数釣りでき、しかもメーターが来ることもあるので、家族サービスであっても気の抜けないポイントでもある。過去の記録を見てみると、1996年10月に113cm、21.3kgという特大サイズが釣られている（2010秋・若林）。

# 琵琶湖を代表する観光スポットも楽しい
# 琵琶湖 ②琵琶湖大橋北（東岸）
### 滋賀県野洲市

**概要**

　琵琶湖大橋北に位置する野州町に「琵琶湖グルメリゾート鮎屋の郷」という観光スポットがある。今回紹介するのは、その目の前の釣り場である。鮎屋の郷は、滋賀県の名所を巡る観光ツアーでは必ず立ち寄るほどの有名処である。店内の土産物店「鮎屋楽市」は、名物のアユを使った料理や佃煮、鮒寿司などの土産を求める観光客であふれている。そのほかにも湖国料理のレストランやアートギャラリーなどがあって、お土産を買うだけでなく、いろいろな楽しみ方のできるスポットとなっているので、釣りの帰りに立ち寄ってみてはいかがだろう。

　この釣り場はメーター連発のスポットという理由で紹介するわけではなく、湖岸道路を渡り、担ぎ込みでねらう釣り場の一例として紹介したい。

　琵琶湖のポイントといえば、パーキングに車を停めてセンサーの届く範囲内で釣るという形になりがちで、限られたエリアでしかサオがだされていないのが現状と思われる。

　しかしながら、湖岸道路の湖岸と反対側に駐車して担ぎ込めば、ポイントの選択肢が大幅に広がり、未開拓のポイントを発見することに繋がる。担ぎ込むという苦労はあるが、見返りとして、誰にも干渉されることなく釣り場に溶け込むことのできる、いわばプライベートビーチのようなマイポイントが作れるということにもなる。

　いつもと同じ熟知した釣り場で安定した釣りをするのも1つの楽しみ方だ。一方、未開拓の釣り場を追求してみることもコイ釣りを楽しくする要素の1つだと思う。

**ポイント1**

　この場所は突端というだけあってポイントは比較的近く、遠投の必要がない。10m沖付近から深くなる砂地の湖底となっており、水深は4mほどになる。投入点としては15m付近を目標にし、カケアガリ付近までエサを引いてくると、アタリを取り

ポイント1　突端の釣り場。近場のカケアガリねらいで

ポイント2のエリ前。魚の居着きやすい場所

### アクセス

琵琶湖大橋東詰めから北へ5分で鮎家の郷。名神高速道・栗東IC、竜王ICから共に約30分。

### その他

湖岸道路を渡る釣り場では、危険な道路の横断はしないこと。また、駐車には気を遣い、一般的なモラルを守っていただくようお願いしたい。

やすい。

突端から2本のサオで、カケアガリの左右に近い範囲で打ち分ける。

あまりエサの入っていないポイントだけに、アタリが出るまでは多めの寄せエサを入れて魚にアピールすることを心掛ける。

ダンゴエサの場合は、アタリが出始めたら、玉子大の小さめダンゴにして、交換のインターバルを2時間程度にして打ち返すと効率的な釣りができる。

私の釣果としては、2本ザオで93cmを筆頭に早朝から夕方までに7尾というのが過去の最高釣果だ。平均サイズは75cmといったところで、駆け引きを楽しむには充分ではないだろうか。

## ポイント2

左手に張り出したアシ群の浅場、正面にはエリがあり、魚が居着く場所ということが判断しやすい好条件の揃った釣り場である。

釣り座は一面に安全柵が設置されてい

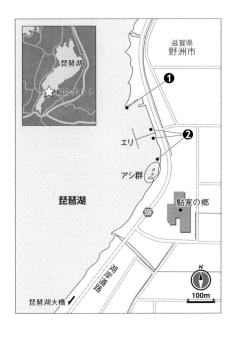

こちらはポイント2の樹木がオーバーハングするアシ際

て、木がおおいかぶさった部分もあり、釣りやすいといえる釣り場ではない。

サオ立てはアングル式が使い勝手がよく、タモの柄は3mほどの長さが必要となる。

障害物対応として、仕掛けは捨てオモリと1本バリといった具合に、タックルにはひと工夫して備えたい。

全体的に浅くフラットなポイントだけに、アシ際やエリ際をねらうとアタリを取りやすい。

この場所の釣果としては、数年前の春の琵琶湖大会で104cmが記録されており、好条件が揃えば、その上のサイズもねらえるのではないか（2012秋・鈴木）。

# 琵琶湖 ③ 湖北
## 湖北に野ゴイを探る
### 滋賀県長浜市

### 概要

　琵琶湖の最北端に位置する塩津湾は全体に浅い地形をしている。

　そんななかで、今回紹介する月出岬と大辛舟溜は塩津湾の東岸と西岸の入口にあたり、水深のあるポイントである。

　どちらも水通しがよく、産卵後から晩秋までコイ釣りが楽しめる釣り場である。

　琵琶湖の北湖らしい、黄金色をした、すばらしい体型の野ゴイをねらうことができるのも魅力である。

　私のタックルは、30年も前の古いイシダイザオであるNFTケブラー製翔17GX中調に、両軸受け式リールのアンバサダーSX7700CLにカーピングライン龍王10号を200mほど巻いたものを使用している。

　エサは龍王スペシャル暁をダンゴにして、これでスパイクオモリ20号を包み、発泡材を付けた1本バリ仕掛けを用いている。

　これは、吸い込みの1本バリ仕掛けで、発泡材によってハリの浮力を調整し吸い込みやすくしたものである。

### ポイント1　月出岬

　月出岬は、塩津湾の西岸入り口に位置し、すぐ北側の月出ワンドと隣接しているため、いろいろな魚種が豊富な場所で、バス釣りやヘラブナ釣りのポイントとしてもよく知られ、人気が高い。

　しかし、駐車場から少し離れることになるので、野ゴイをねらう釣り人は意外に少ない。そのため、アタリは日中に出ることが多い。

　ワンドの中には浮き漁礁が設置されていて、水深は3〜4mある。

　この魚礁を固定するロープが四方八方に伸びているので、ワンドの中は釣りにくいが、岬の馬の背の延長線上をねらうとアタリが多い。

　水深は4〜6mある。

　ただし、魚が掛かると必ず漁礁に向けて走るので、サオから離れて待機する釣りでは取り込みが難しいと思ったほうがよい。

　釣り場周辺の岸辺は岩場となっているが、その割には沖の底質は泥底となっていて、沖までフラットである。

ポイント1　月出岬。魚種が豊富で魚影も多い

### アクセス

北陸自動車道・木之本 IC を下りて、R8 を敦賀方面に進み、木之本トンネルを抜けると湖岸に出る。飯浦信号を左折して道なりに進むと大辛舟溜。

### その他

ワンド内はバス釣りの人が多いので遠慮したほうがよい。風がある日はウインドサーフィンの人が多いので、ラインを沈めること。特に港はラインを沈める落としオモリは必須だ。

岬の中央付近から南は少し深くなり、水深は6〜8mもある。

岸沿いに柳の木の列があって、それが南の岩場まで続いているが、所々に切れ目があるので、そこからサオをだすことができる。

この場所のねらいめは、岸沿いのカケアガリと沈み根である。

ポイントを細かく探って、岩が沈んでいる所を見つけることができれば、その際がねらいめである。

岸辺は岩の上に砂利が乗っている状態で、ピトン式のサオ立てを打ち込むことは難しく、三脚やロッドポッドが必要となる。

### ポイント2 大辛舟溜

月出の対岸にある大辛舟溜は、その名のとおり漁港というには小さな港で、そこから南にかけて出っ張りとなっており、港の沖には定置網が設置されている。

舟溜周辺の水深は月出にくらべると浅くなっていて、3〜4mしかない。

しかし、この場所も塩津湾の入口に当たるため、水の動きがとてもよく、必ず野ゴイが群れでエサを取りに回ってくる。

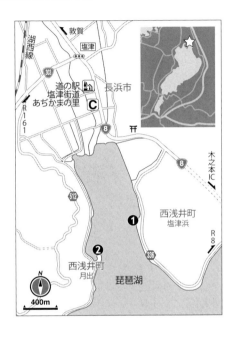

この場所では、港の出入口とエリの間や出っ張りの前などがねらいめである。

出っ張りの南のカケアガリ付近に杭が3本並んでいて、その前も面白い（2013 秋・高橋）。

ポイント2の大辛舟溜。ねらいは出入り口、エリの間、出っ張り前

私が月出で釣った92cmの野ゴイ

# 日本一の湖で日本記録を夢見る
# 琵琶湖 ④東岸・彦根ビューホテル前～矢倉川河口
### 滋賀県彦根市

**概要**

　琵琶湖は滋賀県のほぼ中央に位置する周囲長241kmの日本最大の湖である。琵琶湖のコイ釣りといってもひと言で表現できるものではなく、その広さゆえ釣り場は無数にあるといっても過言ではない。

　今回、紹介する彦根市松原町周辺は大ものを期待でき、未開拓の魅力も含めた釣り場として紹介する。この辺りはコンクリート護岸され、アングル式やピトン式のサオ立ては全く使用することができず、コイをねらう人の姿は少なかった。しかし近年、ロッドポッドを使用したヨーロピアンスタイルによってサオがだしやすくなり、今後の釣果拡大が期待される。

**ポイント1　彦根ビューホテル前**

　釣り場の印象は全般に深場という感じだが、手前は非常に浅く藻も多い。40～50m沖付近にカケアガリがあり、水深は約3mで、砂地と泥地が混在している。私はや泥地の部分にエサを入れるようにしている。30m沖付近にもカケアガリがあって、水深は2m程度で藻が群生するエリアとの境があり、その境を丹念に探り、確実にその境目にエサを入れるようにするとよい。ここでは、この2点に絞って釣るとよい結果が得られることが多い。カケアガリといっても、それほど急ではなく、全般に変化に乏しい。泥の状態や藻の状態など、細かな湖底の変化を見つけることが重要である。

　釣り場は琵琶湖本湖でフィールドが広いため、フィーディングは匂いがきつめのパウダーをやや広く多く撒く。そして食わせるポイントにボイリーをひとつかみくらい狭く撒くとよい。

　この場所における私の自己記録は97cmであり、メーターの期待は高い。水温が上昇する初夏から秋にかけての好ポイントである。

**ポイント2　ボート積み下ろし場横**

ポイント1　遠投して一発大型を。テトラ上の取り込みには注意

ポイント2　本湖側で大ものねらい、テトラ内側で中型ねらい

#### アクセス

名神高速道・彦根ICからR306を彦根市街へ向かい、外町の信号を右折。次の古沢町の信号を左折し県道518、517号を約2km直進。松原橋信号を右折し約2kmで左にボートの積み下ろし場が見える。

#### その他

ボートなどの出航の際はラインを引っ掛けられないように落としオモリは必須。トラブルには充分に注意を。テトラの上は滑るため、フェルト底やスパイク付きなど靴に配慮が必要。

底のようすはポイント1とほぼ同様であり、写真右のテトラから本湖向きにサオをだす場合は、全く同じ釣り方でよい。テトラの内側（写真左寄り）をねらう際は、ボートの出入りを見て、20〜30m沖のミオ筋を釣るとよい。ボートの行き来はあまり気にする必要はなく、ボートが通った後すぐにアタリがあることも少なくない。むしろボートやジェットスキーで適度に水が動くほうが魚の活性は高まるように思われる。テトラの内側でも80cm後半が出ている。

夏場の水温の高い時期はボートの移動以外に水の動きが乏しく、酸素不足に陥らない秋から冬および春の遡上の頃が好時期である。春の雨で流れが出てくると、ポイント3の矢倉川河口に遡上するコイの通り道となるため、ミオ筋でねらい撃ちする形となる。

### ポイント3 矢倉川河口付近

小さな川で普段はほとんど流れがない状態なので、雨の後に限定したポイントといえる。しかも雨と乗っ込みの時期が重なった際は、中型以上の数釣り（爆釣）が期待できる。写真の橋の橋脚右側はほとんど水の流れがなく、遠投すると砂地の浅場となっていて、まず食ってこない。手前は砂と泥の混じった底で全般にフラットでポイント設定が難しいが、橋脚より手前の距離20mまでをねらうほうがよく、波止場の足元にエサを落とす感じで釣ることでよい結果が得られている。

このポイントは足場もよく取り込みも安心して行なうことができる。またボートの積み下ろし場よりも河口寄りのため、ボートは入ってこないので、比較的トラブルは少ない（2013 秋・若林）。

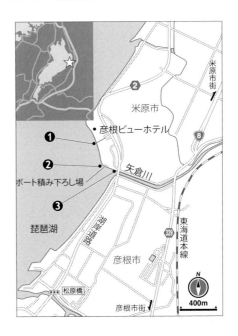

ポイント3 春の遡上時期限定。条件がよいと数釣りが楽しめる

# ファミリーでも楽しめる大ゴイフィールド
# 琵琶湖 ⑤東岸・彦根港周辺
### 滋賀県彦根市

**概要**

　琵琶湖は周囲長241kmの日本最大の湖である。当然、その広さゆえに釣り場は無数にあるといっても過言ではない。今回紹介する彦根港周辺の釣り場は大ものがねらえ、早春からがよい。

　また、本湖向きのポイントに関しては春以降から夏場の水温が上がった時期には遠投での釣果が期待できる。コンクリート護岸のため、足場のよいポイントが多いが、アングル式のサオ立てやピトン式のサオ受けは使用することができない。近年はやりのロッドポッドを使用したヨーロピアンスタイルでサオがだしやすくなったポイントだ。

　観光港であり、駐車場やトイレも完備されている。女性や子どもと一緒でも安心だ。港内は観光船や水上警察などの大型船が出入りするため、水の動きがある。

　また彦根城のお堀に入る水路につながっており、春には魚が遡上する条件もそろっている。早春にはコアユが多く港内に入ってくるため、それをねらって大ものも入ってくる。メーターの実績もあり、90cm台も多く釣りあげられている。

**水上警察横**

　この釣り場は2通りのねらい方があり、彦根城につながる水路側をねらう方法と、港の入口付近の船道を遠投してねらう方法だ。1つめのお堀に入る水路をねらう際は対岸近くの水深1m付近の緩やかなカケアガリをねらう。底は泥地であり、ポップアップなどを有効に使うとよい。フィーディングはパウダーベイトを中心に組み立てるとよい釣果につながる。乗っ込みの頃がいい時期といえる。

　もう1つの方法は港の入り口あたりの船道をねらう際は50～60m付近を底探りして、少し深場になっている船道を探す。水深は約3～4mで、砂地と泥が混在した底になっている。フィーディングは船道の両サイドに食わせるポイントを設定し、その手前側（食わせるポイントを入口側、フィーディングを港の内側）に設定し、港に入ってくる魚をねらう。90cm台はよく上

水上警察横の水路側

防波堤本湖向き

### アクセス

名神高速道路・彦根ICよりR306を彦根市街へ、外町の信号を右折。次の古沢町の信号を左折し県道518、517号を約2km直進。松原橋信号直進すればすぐに突き当たりになり港が見えてくる。

### その他

観光船などの出入航の際はラインを引っ掛けられないように落としオモリは必須。ヘラブナやバスフィッシングファンも多いのでトラブルには充分に注意を

がっており、メーターの実績もある。

#### 観光船桟橋奥

このポイントは駐車場から少し担ぎ込みになる。早春から春にかけての釣果がよく、特にコアユが釣れる時期が一番よい。エサはアユをイメージして魚粉系のボイリーをチョイスするとよい。

またアユをエサにするのもよいが、少し内臓が腐敗し始めたものがよい。観光船が出入りするため、桟橋の一番奥に2本だすのが精一杯で、必ず足もとからラインを沈めておく必要がある。観光客や船とのトラブルを防ぐため端っこで静かに釣るイメージだ。中型から90cm台までの実績がある。

#### 防波堤本湖向き

春以降の初夏になると港内は止水のため酸欠となり、徐々に魚のアタリは少なくなる。この頃から夏および初秋にかけて本湖向きでの遠投に釣果が期待できる。

ボイリーを使い、70～80m以上遠投して水深3～4mをねらう。底は比較的砂地が多く、カケアガリなどの変化には乏しい。そのため藻や岩の際など、少しアクセント

紹介したポイントでの釣果

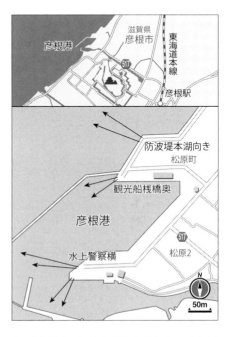

をつけてポイントを設定するとよい釣果につながることが多い。

琵琶湖本湖でありフィールドが広い。そのため、フィーディングはパウダーを中心に匂いのきついものをやや広く多めに撒く。そして食わせるポイントにボイリーを一つかみくらい狭く撒くとよい釣果につながることが多い。

このポイントは防波堤を乗り越えて取り込む必要があり、転倒・転落には注意が必要だ。また足元付近にはテトラが入っており、柄の長いタモが有効だ。

70～80cm台の釣果が中心であるが90cm台も出ており、油断できないポイントだ（2015春・若林）。

## 担ぎ込みでつかむビッグドリーム
# 琵琶湖 ⑥東岸・犬上川河口ほか
### 滋賀県彦根市

### 概要

琵琶湖は滋賀県のほぼ中央に位置する周囲長241kmの日本最大の湖であり、母なる湖（マザーレイク）と呼ばれている。琵琶湖の有名ポイントはすでに紹介され尽くしている感があるが、そのほとんどが車横付けで手軽に入釣できるポイントである。

しかし琵琶湖といっても、その広さゆえに未開拓の釣り場も多い。今回、紹介する彦根市八坂町〜三津屋町周辺の釣り場は車から少し離れたところから担ぎ込むポイントではあるが、釣り人も少なく、じっくりと大ものがねらえる。

### ポイント1　犬上川河口付近・大藪浄水所裏

このポイントは全体に広い釣り場であり、数人でサオを並べることも可能。手前は5〜10cmの小石が多く、根掛かりしやすい。エサ交換の時は一気に巻きあがたほうがよい。

全体になだらかなカケアガリで50mより沖の底は砂地になっている。秋から冬にかけては遠投が有利であり70m以上は投げたい。

ポイントの設定は大きな変化がないので、底の砂や石が細かく変化する所や微妙な斜面の変化を見つけて、そこを中心にフィーディングするとよい。

水深は湖の水量にもよるが2m程度。ここで意識することは細かな湖底の変化を見つけることである。エリがあるのでそれを目標に左側の沖に見える多景島の間で左右に打ち分けるとよい。ただしサオの前で待機していないとエリに巻かれるので注意が必要。

フィーディングに関しては、琵琶湖本湖でありフィールドが広いため、パウダーも併用しつつ、やや匂いのきつめのものを広く多く撒く。そして食わせるポイントにボイリーを2つかみくらい狭く撒くとよい。

過去の釣行で90cm台も出ており、メーターの期待は高い。付近は生活道路の細い路地となっているので、浄水所のフェンスぎりぎりに駐車し、個人の家の出入りの妨げならないように注意したい。

### ポイント2　江面川河口突堤

突堤先からの遠投で大ものをねらうポイント。底のようすは手前から砂地で沖まで続く。遠浅で少しずつ深くなっていく感じ

ポイント1　犬上川河口付近・大藪浄水場裏のやや左のポイント。ガレ場になっており沖にもこの石が入っていると思われる。根掛かりに注意

ポイント3の宇曽川河口付近。遠投が有利

### アクセス

名神高速道路・彦根ICよりR306を彦根市街へ。県道25号を経由して琵琶湖に突き当たるまで直進。長曽根北の交差点を左折。湖岸道路を南下して約2.5kmで犬上川河口付近に到着する。他の2つのポイントも湖岸道路をそのまま南下。

### その他

3つのポイントともに担ぎ込みのポイントであることと、地元住民の方々の生活の場であることに留意したうえでの入釣をお願いしたい。

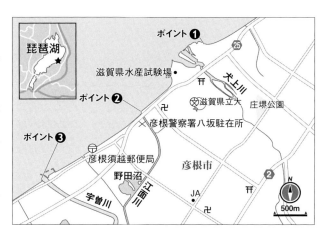

であり、底の変化は乏しい。ここでも底の微妙な変化を探りポイントを決める。

大ものは沖に潜んでおり、このポイントでも遠投が有利だ。私の場合は70〜80m辺りの緩やかなカケアガリをねらっている。

フィーディングは犬上川河口付近のポイントと同じ要領で、広いフィールドだけにしっかりと寄せるイメージで撒くとよい。アベレージは80cm前後で、過去に107cmの大ものも出ており、メーターの実績も多く聞かれる。

地元のコイ釣りファンの方がよく入釣しているのでトラブルのないようにしたい。

以前は車で浜に入れたが、現在は車の進入は禁止になっている。そのため、湖岸道路を渡ったところの歩道と私有地の間の狭いスペースか、江面川を渡ったあたりの川岸に若干のスペースがある。

いずれも地元住民の往来の妨げにならないよう注意を払っていただきたい。

### ポイント3　宇曽川河口付近

春の大ものの釣り場として人気の高い宇曽川。琵琶湖の場合、春は本湖ではなく川をねらうのが基本。しかし秋から冬にかけては河口付近の本湖ねらいで好釣果が期待できる。

魚は多いとはいえないが、一発大ものがねらえるポイントだ。その年の川の氾濫状況によって底の状況が変化する。本湖は遠浅の砂浜で変化に乏しく、本湖と川の境目を丹念に探り、緩やかなカケアガリを見つけてエサを投入する。

私の場合70m以上の遠投でポイントを探る。ここもフィールドが広いため、エサ場にしっかりと魚を寄せるイメージが大切だ。アベレージサイズは90cm前後でメーターオーバーの実績もある。駐車スペースがなく湖岸道路を挟んだ宇曽川沿いに駐車したあと担ぎ込みとなる。民家の裏側が釣り場のため地元住人とのトラブルには注意していただきたい（2016秋冬・若林）。

江面川河口突堤での釣果

## 中型の数釣りが楽しめるビギナー向け釣り場
# 西の湖　滋賀県近江八幡市

### 概要

　西の湖は長命寺川で琵琶湖と結ばれている、面積2.8km²の琵琶湖最大の内湖である。西の湖はその大きな本湖部分とは別に、いくつかの小さな湖が水路やアシ原でつながる水郷地帯を形成している。水郷地帯は広大なアシ原をかかえた湿地帯で、昔ながらの風情を残した釣り場である。春にはアシ原のいたる所でハタキが見られ、中型の数釣りが楽しめ、時にはメーターオーバーの釣果も聞かれる。また水際の水深が浅く、足場のよい釣り場が多いのでビギナーや家族連れにも安心して楽しんでいただけるエリアである。

　釣れる魚は中型が多いことと、遠投の必要もないためライトタックルで充分であり、バラシを少なくするため軟らかめのロッドが望ましい。仕掛けは基本的にはオーソドックスなヘアリグで充分である。ボイリーは15mmシングルを中心に使用するとよい。

### ポイント1　西の湖 焼田

　水深1.5～2mのフラットな変化に乏しい、やや硬めの泥底である。30～40m先に水郷めぐりの観光船が通る船道があり、藻が切れており、その付近に狭くフィーディングをして、同エリアの外枠辺りで食わせるのがよい。あまり広くフィーディングエリアを設定すると、かえってアタリが遠のく。

　ただし、魚は対岸のアシ原付近に付いていることが多いので、匂いで寄せる必要があるため、パウダーベイトを多めに使用する。パウダーベイトをエリアの一点に打ち、ボイリーはその周りに円を描くように撒くとよい。

　数釣りは可能であるがフィールドがやや広く、日帰り釣行よりは1泊以上の釣行に向く。今回紹介する3つのポイントのうち、一番大型が期待できる場所でもある。80cm台なかばが平均サイズではあるが、時にはメータークラスもくる。2002年のカーピングカップイン琵琶湖大会で私は101cmを釣りあげ優勝している。春・秋の琵琶湖大会では、このポイントで何度も入賞魚が出ている。

ポイント1　焼田。紹介した3つのポイントのうち、一番大型が期待できる場所でもある

ポイント2　西の湖園地。雨風をしのげる東屋があり、トイレもあるので家族連れに向く。担ぎ込みとなるが中型の数釣りが楽しめるポイントである

### アクセス

R8の近江八幡市友定町交差点から市街方面へ向かい、県道26号をしばらく直進。県道多賀の交差点を右折、次の点滅信号の交差点を左折すると数百メートルで西の湖・焼田へ。

### その他

焼田前は路肩駐車となるので充分注意。西の湖園地は農道からの担ぎ込みとなるため、田畑を荒らさぬよう注意。また釣り場は水郷めぐりの船が行き交うため、落としオモリでトラブル防止を。

## ポイント2 西の湖園地

付近の農道から100m程度の担ぎ込みとなるが、そのため釣り人は少なく、魚もスレていない。担ぎ込み派にはうってつけのポイントである。水深は1.5m程度で、フラットでやや泥底の湖底は変化に乏しい。アシ原に囲まれたポイントであり、左右のアシのなかからV字型に魚を呼び寄せて正面で食わせるイメージでフィーディングを行なうとよい。

ポイント1と比べるとフィールドは狭いのでアタリは比較的早く出る。70～80cmまでの中型が多く、日帰り釣行にて充分に数釣りが楽しめるポイントである。

園内の敷地は広く足場もよいので、子供連れのファミリーでも安心して釣行できる。またトイレや雨風をしのげる東屋があるのもありがたい。家族とバーベキューを楽しみながらテントを張って、ゆっくり釣るのもよしだ。

## ポイント3 蛇砂川河口

春の乗っ込みシーズンには大型が遡上し

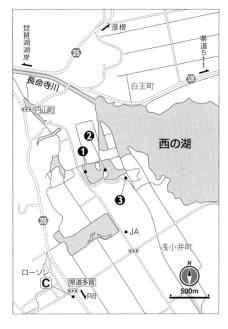

ポイント3 蛇砂川河口。西の湖に流入する河川の1つであり、春には大型が遡上する。過去にメーターの実績あり

てくる。キャスティングの醍醐味はないが中型クラスの数釣りを楽しみながら大型のアタリを待つのもよい。藻が多いのでポップアップを有効に使うことでよい釣果を得られる。ポップアップの単体での使用はヘリコプターリグを使用し、藻からボイリーが顔をのぞかせるイメージで仕掛けを組むようにしている。

水深は1～1.5mで、流れは緩やかで、重いオモリの必要はない。パウダーベイトをフィーディングに使う場合はやや上流に打ち、食わせるポイントに少量のボトムボイリーを撒くのが有効である（2011春・若林）。

## 静かなダム湖で大ものをねらう
# 犬上ダム湖　滋賀県犬上郡

### 概要

　鈴鹿山系の大自然に囲まれた犬上ダム湖は、ひっそりと釣りを楽しみたい人にもってこいの釣り場である。それほど大きな湖ではないが、完成が昭和20年代と非常に古く、大型のコイが生息していることは間違いなく、私もメーターオーバーのコイが回遊する姿を何度も目撃している。

　しかし、滋賀県は中央部に琵琶湖という日本最大の湖を抱えており、コイ釣りファンのほとんどが琵琶湖へ繰り出し、ダム湖などの山上湖へ向かう釣り人は少ない。この湖も例外ではなく、そのため未開拓のポイントは多数ある。特徴としては、一般的なダム湖に見られる、岸からドン深のポイントが多い。今回はやや浅めのカケアガリのあるポイントを紹介する。ダム湖によく見られる切り株による根掛かりは少なく、泥や小石、あるいは砂地などバラエティーに富んだ湖底をしている。

　このダム湖における私の釣り方は、各ポイントとも、フィーディングはパウダーベイトをポイント手前の一点に集中して撒き、その先のポイントとなる場所にボイリーをひとつかみ程度、半径5mほどのエリアに撒いている。

　ボイリーのサイズはフィーディング、フックベイツ共に15mmを使用。ポイント3は泥底のためポップアップとボトムによるスノーマンを使用するが、その他のポイントではボトムボイリーのみで、シングルまたはダブルで釣っている。

　釣れるコイのサイズは70〜80cmで、私の記録は96cmである。魚はスレていないので、割りとアタリも早く、日帰り釣行でも型を見ずに帰ることはない。

### ポイント1

　ダム湖の中心部で非常に水深があり、ポイントを外すと全く食ってこない。写真は減水期のものであり、中央の馬の背周囲のカケアガリをねらう。満水時にはこの馬の背が水没するため、馬の背の上で食わせる

ポイント1　しばしばメータークラスが回遊する姿を目撃する馬の背のポイント

ポイント2　ダム堰堤から2つめのカーブミラーが目印。比較的釣り場は広い

### アクセス

名神高速道・彦根ICよりR306を南下し、敏満寺中の交差点を左折、県道226号へ。道なりに県道34号へ進み、しばらく走ると犬上川ダムが見えてくる。

### その他

ダム湖周囲の道路は細いため対向車に注意。紹介した各釣り場は路肩が広いが、駐車には注意のこと。遊漁料は日券1000円、年券5000円。

イメージでねらう。完全な満水の状態では馬の背以外でも、写真の手前に見えているカケアガリの部分がよいポイントとなり、水深2～3m辺りにエサを入れるとよい。それより先に遠投するとドン深で、アタリは期待できない。担ぎ込む距離は比較的短い。

### ポイント2

満水期には、写真左上の大小の石が点在する辺りのカケアガリが底の変化に富んでおり、ポイントとなる。また、写真中央から右がよいカケアガリになっている。私も中央のカケアガリを釣ってよい結果を得ている。

減水期は、写真で見て分かるように、急激に落ち込む辺りまで水位が下がるため、チョイ投げで斜面にエサを止める感覚で水深4m程度、深くても6mまでを釣るとよい。ここはどちらかといえば満水期向きのポイントである。やや担ぎ込みの距離が長い。

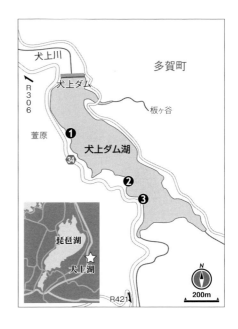

ポイント3　ダム堰堤から3つめのカーブミラー下のポイント。大ものの実績あり

### ポイント3

ダム湖には珍しく泥底で、写真では分かりにくいが、右奥の流れ込みから養分を含んだ土砂とエサとなりうるさまざまな漂流物が流れ着き沈殿する。写真のような減水期には、チョイ投げで4～6mの水深をねらう。

満水期は現在見えている広い緩やかな泥底のカケアガリがポイントとなる。カケアガリのどの部分でもアタリはあるが、写真右側の流れ込みに近い所のほうが魚の活性は高い。私もこのポイントで96cmを釣りあげており、大型が期待できる。急斜面のため、担ぎ込みの際は、滑落に注意すること（2013春・若林）。

# 等身大の巨ゴイが潜む四国三郎のダム湖
# 池田ダム
### 徳島県三好市

## 概要

　四国三郎・吉野川といえば、アユ釣りや渓流釣りで知られた四国を代表する川である。その上流部、池田町に1974年完成した池田ダムは総貯水量1265万㎥、堤長24ｍとかなり大きなダムで、愛称「池田湖」と呼ばれている。このダムは水が大変きれいなうえに、釣れてくるコイの色が赤黒く、非常に素晴らしい色をしているのが特徴だ。ダムが造られる以前からこの流域には春になるとコイが川を埋め尽くすほど群れていたという話もよく聞き、地元の人によると成人の男性の胴回りと同じくらいの魚を毎年見かけるようだ。

　釣れるのは大きさは60～70㎝が平均だが、そのサイズでもかなりよく走るので楽しめる。紹介釣り場周辺は公園になっていて車は何台でも駐車可能。トイレ、ベンチ、水にも困らない。コンビニも割りと近くにあるので、車でならちょっと足りないものがあってもすぐ買い物ができるため、ファミリーで楽しむにも適している。

## ポイント1　高速道路橋脚下

　「池田へそっこ大橋」と命名された、徳島自動車道吉野川橋梁下の釣り場である。ちょうど川が緩やかに蛇行している途中の部分なので手前には砂泥があるが、橋脚際から対岸にかけてはきれいな砂底になっていて、よいポイントを形成している。30ｍ先までは水深が10～50㎝で、その先から急激に落ち込んでいてよいカケアガリになっている。最低40ｍ以上投げないとポイントに届かないので、ダンゴでは難しいといえる。ダンゴ派の友人はPVAバッグを使い投入している。ボイリーなどのハードベイトなら問題はないだろう。

　春は風、放水時の流れによって橋脚の右、左と打ち分けるとよいだろう。初夏からは橋の下手に水草が生えるので、その周りをねらう。実際、早朝に観察すると分かるが、その部分ではコイのモジリがよく見られる。

40ｍの遠投が必要だが、橋脚周りはコイの寄り場になっている

船着場下手の釣り場。底質は最高で一番のおすすめ

### アクセス

徳島自動車道井川池田ICを下りて、R32号を西へ川之江方面に向かうと右手に池田ダムがある。これを過ぎ、徳島自動車道をくぐってすぐの信号を右折すると釣り場。

### その他

吉野川漁協が管理し、遊漁料は1日3000円。年券は1万円。

## ポイント2 船着き場北

高速道路橋脚より約100m上流に行った所に船着き場があり、そのすぐ下手がこの釣り場である。見たところただの砂浜のようで変化がないのだが、船着き場手前の石に風や流れが当たり、非常によい水の動きをもたらしているのと、底の状態がとてもよいので、紹介釣り場のなかで一番のポイントかもしれない。

対岸から10mは水深約1m、沖に向かって緩やかに深くなっていく。船着き場に向かってはやや深場となっている。そのカケアガリがよく、風の強い日や夜はやや下手の浅場でも食ってくる。ここも手前が浅いため、ハリ掛かりしたコイは60cmサイズでも一気に80mはラインを引き出して沖に走る。ただ、カカリはないので安心してやり取りができる。風の強い日は浅場、ナギの時には船着き場寄りのやや深場、または下手浅場のやや沖寄りを選ぶのがよいだろう。

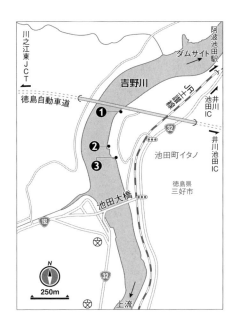

メーターオーバーの噂もある観光船発着所跡地の釣り場

## ポイント3 船着き場

以前はスワン号という観光船が発着していた港であるが、現在は使われていない。そのため、気にすることなくサオだしできる。

足場はほとんどがコンクリートなので、ロッドポッドなら問題はないが、ピトンやアングル式の場合は立てる部分がまずない。昨年（2007）の台風のときに砂が入り、水深は平均して2.5m程度だ。水底はいうことのないほどのよい状態で、岸際は小石底だが、少し投げると細かい砂底になる。

地元の人はここでメーターオーバーを釣っていると聞く。この釣り場も風によって流れが変わるので、それを見極めて投入点を変える（2008秋・槌本）。

## 小規模ながら力強いコイが魅力
# 宮川内ダム
### 徳島県阿波市

**概要**

　徳島県と香川県の県境にあるこのダムは、昭和39年に完成した多目的ダムである。ダムへのスロープを降りると公園となっており、無料駐車場があって、家族連れにも向いている。

　こぢんまりとしたダム湖だが、ここで釣れるコイの引きはダム湖とは思えないほど強く、すぐに石、木に巻いていくので一筋縄ではいかない。コイ、ヘラブナとも魚は非常に多く、5～7月初旬や9～11月の好期なら昼間でもコンスタントにアタリをとることができる。エサは干しイモ、コーンでもよいが、梅雨時と秋はボイリーの結果がよかった。

　このダムの特徴は、減水したほうがよいということだ。ほかのダムが減水して釣りにならない時でもおすすめできる。逆に満水時はコイの好きな硬めの砂底の部分がかなりディープな位置に水没してしまい、水深3m程度の所はほとんどが石、小石になってしまうので、限られた砂地の部分にピンポイントで仕掛けを入れないとアタリが遠い。最近はまとまった雨がないこともあって、常時かなりの減水傾向にある。したがって今回は減水を前提としたポイントを紹介したい。

**ポイント1　駐車場下**

　広い駐車場のすぐ下を降りると広い台地が出ている。この台地は満水時には完全に水没し水深5mほどの湖底となるので釣りにならない。その際には堰堤方向に50mくらい行くとダム後方にある御所温泉からダム内にお湯を排水している管があり、その前が緩やかなカケアガリで硬い砂泥底となっているので、そこを釣るとよい。

　減水時には対岸まで半分程度の距離にカケアガリがあるので、その際にエサを置くと早ければ30分程度で食ってくることが多い。昔の石積み跡が1mほどの幅でとぎれとぎれにカケアガリに沿って残っており、コイが掛かった時にここにへばりつい

ポイント1　駐車場下。減水時におすすめの釣り場

ポイント2の段々畑跡。満水時がねらいめだ

### アクセス

徳島自動車道・土成 IC を下りて R318 を東かがわ市方面へ約 10 分で堰堤。香川県からは高松自動車道・白鳥大内 IC で下りて R318 を南下して約 20 分。

### その他

周辺に釣具店はなし。夜釣りの規制、遊漁料、サオ数制限はない。

たり、仕掛けを上げる際に引っ掛かることが多いので、オモリ、仕掛けの予備は多めに用意しておくこと。

四国では多くのダムが、ゴミよけフェンスの内側も釣りが許可されており、そのゴミよけ対岸内側も減水すると非常によい台地が出るのでねらいめである。ここは風裏になることが多いのでコイ、フナなどがよくモジる。堰堤は車の通行が可能なので、これを対岸に渡り、ダム周遊道を進むと駐車可能なスペースがあり、そこから湖岸に降りてサオだしするとよい。

### ポイント2 段々畑跡

対岸の流れ込み跡は大雨の後には水がダムに流入するが、最近は枯れている。台風の時に流れ込んだ砂が一部に堆積しており、その付近がコイのエサ場になっている。砂底部分の面積は非常に狭く、ほかは小石底なので、投入点がずれると食ってこない。正確な投入が釣果の分かれ目といえる。

段々畑の跡は水深2m前後になる満水時

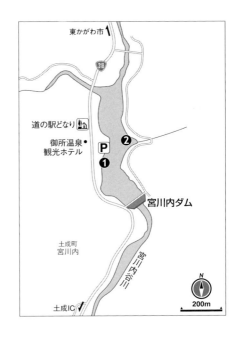

色黒で精悍な力の強いコイが釣れる

がねらいめ。ただし流れ込み、段々畑ともに駐車場側からだとかなり遠投になるので、50mを正確にキャストする技術が必要だ。

減水時には段々畑の下の部分をねらうことになるが、バス釣りの人が岸寄りを歩き回ると、アタリが期待できるのは夜だけとなってしまう。

ほかにもよいポイントはあるが、草が生い茂る時期にはマムシが出没するので、必ず長靴を履いて釣り場へ入るように。

今回紹介したポイントが簡単にサオだしが可能で実績も充分なので、まずはこの2ヵ所を釣ってみることをおすすめする（2009 春・槌本）。

## エメラルドグリーンの水が育む美ゴイ
# 那賀川　徳島県阿南市

**概要**

　那賀川は徳島県阿南市を流れる那賀川水系の本流で、幹川流路延長125kmと徳島県内で最も長い一級河川である。

　2006年には「最も良好な水質」として清流四国第一位にも選ばれた。

　この川の特徴は下流域にはどこも深い場所がないこと。一見すると、とてもコイの生息する場所などなさそうである。しかし、中流から上流にかけて2つの大きな堰があり、その付近は水深が10mを超えるような淵が形成され、すばらしい野ゴイ系の個体が多く生息する。

　自然が豊かで人工物が少ないのもこの川の魅力である。上流には川口ダムと長安口ダムがあり、この2つのダム湖にも、巨ゴイが潜む、魅力のある釣り場がある。

　夏にはアユを釣る人がわずかに見られる以外は全般に釣り人が少なく、ほとんど貸し切りで釣りが楽しめるすばらしいフィールドだ。

　まさにエメラルドグリーンの水をたたえる場所もあり、特に紅葉の時期は、色づいた山が川に映えて美しい。

　私の住む香川からは非常にアクセスが悪く、年に何回も釣行できないため、それほど釣り場に精通しているともいえないが、自身の釣果を元に、地元の人の話を参考にしながら、2ヵ所のポイントを紹介する。

**ポイント1　津越の水門**

　支流の熊谷川が流れ出る非常に大型の水門で右岸にある。写真では分からないが、この背後にデカイ樋門がある。小型のコイが多いものの、熊谷川にもたっぷりコイがいる。春はこちらに大型が産卵に入るので、その時期は熊谷川をメインに釣るとよい。それ以外の季節は水門前の本流側での釣りがメインになる。水門前から本流にかけては、30m沖までどの方向も底にかなり大きな石が入っていて、根掛かりがひどいので釣りにならない。

　写真左寄りにある小山方向へ約40m以

ポイント1　津越の水門前

ポイント2　岡崎のカーブ

**アクセス**

徳島市内から R55 を南下、大林北交差点で右折して県道130号土佐東街道をに入り、那賀川橋を渡り、右折して県道 22 号へ進み、県道 282 号へ左折、約 2.5km で堤防道路に上がると津越の水門。

**その他**

日券 2000 円、年券 8000 円。サオ数の制限はないが、堰の下流 100m、上流 50m は年中禁漁区なので注意。那賀川漁協で購入できるが販売は午前中のみ。周辺にはコンビニ等は少ない。

上投げると砂地のよい底になるので石と砂の境に仕掛けを入れるとよい。その付近はちょうど本流からの流れがぶつかり、風がないと流れが逆巻いているのですぐ分かると思う。写真右にある崖が切れる部分も底が砂地と岩になっていてよいが、距離は 50m 以

上あるうえ、深さも約 9m ある。水門の中は 2m と浅いが、いつもコイがエサを漁っていて、夜や早朝には食ってくるがサイズはよくない。

**ポイント2 岡崎のカーブ**

先の水門から上流に向かい堤防道路を約 800m 行き、突き当たりの県道 28 号を左岸へ渡り、トンネル前で左折、県道 19 号

那賀川で釣りあげた 80cm のコイ

を上流へ向かうとある大きなカーブ。右岸へ渡る潜水橋があるが、5 年前の大水で壊れ、今は渡れない。この潜水橋から上流よりの大きなカーブまでがポイント。

美しいエメラルドグリーンの水で川幅は 40 ～ 60m。手前から深くて約 3m あり、対岸の崖下は水深 10m 近い所もある。ここのコイは野ゴイ系でごつい。釣りは最高の技と読みを要求される。底探りは必須だ。都市型河川のような、撒きエサをして、あとは適当に投げて待つという釣りでは、何度通ってもアタリはないだろう。

ここはニゴイが多く、70cm 強の化け物ニゴイも釣れるが、恐ろしいほど引かない。

写真真ん中辺りにある、対岸の 2 本の電信柱真下が一番深く、9m 前後あるが、崖から少しでも離れると 7m 前後になり、底の変化は激しい。ここより上流側（右）へ投げると今度はとても浅くなり、1.5 ～ 2m しかない。したがってきっちりとねらったポイントに入れるキャスティング技術も必要だ（2013 春・槌本）。

# 山間のダム湖で自然を満喫
# 夏子ダム湖
### 徳島県美馬市

**概要**

　香川県と徳島県の境近くにあり、曽江谷川を堰き止めた灌漑用の貯水池で、竣工は1994年と新しい。小型だが、山間にあるため雰囲気はよく、ワイルドさを感じる。

　曽江谷川は浅い渓流で、本来コイはいなかった。したがって魚はすべて放流されたものだ。サイズは大きくて60〜70cm、平均は50〜60cmだが、夏にメーター級が浮いているのを見るとバス釣りの人からは聞く。それを裏付けるのが大量に生息するエビだ。コイがオダなどに顔を突っ込み、盛んにエビを食うのを見る。数年後には大型がうようよいる場所になると思う。小型のコイの数は相当なもので、夕方になると岸際を群れで回遊している。

　山中にあるダムだけに釣り場は少ないが、今回は安全にサオをだせる2ヵ所を紹介する。1つはスロープがあり車を横付けできるが、バスボートの上げ下ろしがあるのと、減水すると釣りにならない欠点がある。もう1つは150m近く歩く。行きは下りで天国、帰りは地獄を味わうが、まず人は来ないので、自然を満喫できる。単独釣行より2人での釣行をおすすめする。場所は狭く2人が限度だ。ダムはR193沿いにあり、右岸に夏子ダム休憩所がある。お土産等を販売していてのぞくのも面白い。

**ポイント1　ボートスロープ**

　R193を香川県側から来ると右岸のバックウオーター側にある。スロープは分かりにくいが、目印は、手前約350m左手に食堂があり、その先の一軒家横がスロープ入口だ。車1台がやっと通れる幅で、急勾配なので、注意いただきたい。満水なら、車から数メートルにサオを設置できる。4〜5人は入釣できる。川筋は対岸寄り。対岸までは80m程度だ。底は硬めの泥で、所々に流木が沈んでいるが、ほかにカカリは少なく、変化は真ん中付近に微妙な深さの差がある。カーブしている部分の微妙な流れの差を読んで仕掛けを入れるとよい。ス

ポイント1　ボートスロープ。数人が入釣できる広さがある

ポイント2　左岸カーブ。夕方にはコイが岸際を群れで回遊する

### アクセス

R193 沿いなので分かりやすい。高松方面からだと左手に、徳島方面からだと右手にダムが見える。高松道・高松中央 IC から車で約 1 時間。徳島自動車道・脇町 IC からは約 10 分で堰堤に着く。

### その他

サオ数の制限、遊漁料はないが、ゴミを散らかしたり、木を切ったりは絶対にしないこと。スロープ側の R193 に車を置いていていたずらされた話も聞くので、国道沿いに駐車する場合は要注意。

ロープ付近は常にジメジメしており、マムシ、ヤマカガシが多いで注意。

### ポイント2 左岸カーブ

夏子ダム休憩所から R193 を徳島方面に約 70m 下って左折するとダム管理事務所がある。堰堤を渡り、左岸の狭い道を約 80m 進み、左手にある車停めの看板前の駐車スペースから約 150m 歩く。カーブの内側で、減水状態だと 30 〜 40m 投げても水深は 3 〜 3.5m しかない。満水時でも 5 m 前後だ。盛期には手前で小型のコイが底をつつくようすが見える。底は硬い泥の部分と、小石の部分があるのでよく探って仕掛けを入れる。よく当たるのは岸寄りの硬い泥底だ。木の枝などが沈んでいる際にエビが多く、特に夕方、早朝はコイが顔を突っ込み漁っている。ボイリーはエビ系を使うと反応がよかった。ここのコイはハリ掛かりすると木の枝などのカカリにすぐ巻くので小さくても油断できない。少量ながらミドリガメもいるので、初夏から秋に

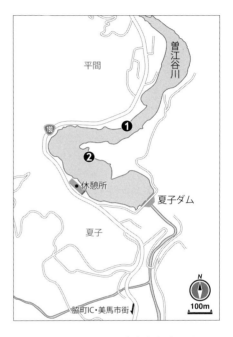

夏子ダム湖で釣りあげた、すらりとしたコイ

かけてはエサチェックを怠りなく。それほどひどいエサ取りにあったことはないが、投げて 3 時間でボイリーが跡形もなくなることが数回あった。

付近には休憩所以外に店はない。ちょっとした軽食はあるが、パンやカップラーメンは徳島側へ下って約 1km の店で。本格的に食材が欲しい場合はさらに行くと R 193 が二又に分かれる信号がある。これを右に行くと約 600m にスーパーがある。ここは安いうえ、大抵のものが揃う。

注意事項としては、バス釣りのボートが時折来るのでイトを引っ掛けられないように沈めること。小さい網を持参すれば簡単にエビを採れるので、これをエサに釣るのもよい（2013 秋・槌本）。

## メーター級が望める四国最大のダム湖
# 府中湖　香川県坂出市

### 概要

　香川県で最大のダム、府中湖は綾川をせき止めて昭和41年に完成。坂出市と綾川町（旧綾南町）にまたがって位置する多目的ダムである。水質はややマッディー、そのぶんコイは早く大きくなり、1mオーバーがバス釣りのサオに掛かり、ボートを1時間以上引っ張り回してラインを切って逃げたという話も聞く。ヘラブナ釣り場としても有名だ。標高27mと低いので年中釣りは可能だが、毎年10月頃から大幅に減水（貯水量48％前後）するので、よいポイントがほとんど露出し、釣りにくくなる。そのため、私も冬はこのダムを避けていたので減水時の釣況は不明だ。紹介釣り場は平水（70％前後）～満水（85％以上）時のみのものとして参考にしてほしい。

### ポイント1　カヌー漕艇場カド

　ここには平日は毎夕から日没、土日は朝から夕方までカヌー練習のボートが目の前を横切るが、その波で魚の活性が上がり、ボートが通る付近にエサを置くと通過後に入れ食いになることもある。ラインは底に這うように沈めておくこと。コイは岸際のタニシを食っている。水面に浮くカヌー用標識の左側に、よい底質の所があり、そこがよく当たる。貯水量が70％前後に落ちると、手前の一部分にタニシが集中して生息するので夜は足もとに入れておくと食ってくることもある。

　少し奥の民家前にコンクリートの護岸が10mほどある。スロープを降りるとよいカケアガリのポイントがあるが、20mも投げるとブイを固定していたロープが沈んでいるのでチョイ投げでねらう。10～15mのカケアガリにエサを置くとよい。6～10月はミドリガメが活発なので注意。ボイリーはまず使用不可。イミテーションボイリーかダンゴで。カチカチの干しイモも効果あり。

### ポイント2　メッキワンド桜並木

　カヌー桟橋を左（東）に曲がるとすぐに5台ほど駐車できる空き地がある。東詰め

カヌー漕艇場カドのポイント。高水温期はミドリガメに対する対策が必要だ

メッキワンド桜並木は中型の数釣りが期待できる好釣り場である

**アクセス**

高松自動車道・高松西ICで下りてR11へ入り、ICから西へ約5kmの前谷東信号を左折して県道33号へ、500m進み信号を左折して県道17号へ。約1kmで府中湖。

**その他**

近くに釣具店はない。遊漁料、サオ制限、夜釣り規制などはないが、メッキワンドの南側はみかん農家の保護のために立ち入り禁止。貯水量は「香川の水」http://www.pref.kagawa.lg.jp/kankyo/mizu/ でチェック。

に水面に降りる道があって、その前がポイント。平水なら岸から8mに大きなカケアガリがあるのでそのカドで食うが、60～70cm前半がメイン。さらに沖の20mラインの微妙な変化に入れたほうがサイズがよく、80cm前後が続けて食ってくるが、風がないと期待薄。70mほど遠投して対岸ぎりぎりのカケアガリを釣るとよいサイズがくる。駐車できる空き地は夏場でも日陰が多く、日光を避けて待機できる。

### ポイント3 古バスワンド奥

県道17号を南下すると高速道路が上を通っている。さらに150m南下すると、産廃処理場の看板があり、右に入る道があるのでそこへ入りすぐに右折し、湖に沿って狭い道を北上すると高速道路の下に出る。さらに約200m北上すると通行禁止の看板があり、その先は車が行けないが、その前がポイント。岸が一部護岸され、その北端に硬い土のよいカケアガリがあり、必ずコイがくる。強い西風の時が特によく、サオから10mと離れていないのにサオを持つ

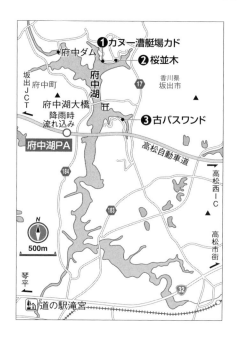

古バスワンド奥。硬い底質のカケアガリがねらいめだ。特大が生息する

た際にはラインを150m以上出されていたこともあった。ここがバスボートが1時間以上引っ張られた場所だ。ドン深なので際に落とす感じでないと食ってこない。

バスボートが多く、カヌー練習場でもあるのでトラブルのないように。桟橋上は立入禁止。

暑い時期は護岸南側の木の根もと近くの日陰部分で食う。対岸もコイが多いので遠投するかゴムボートで釣るとよいだろう。この付近は木が生い茂っているので3.6m程度のサオでないとキャストは苦しい。高速道路下から奥にかけて釣り場は無数にある。満水でもタモの柄が3.5m以上必要（2008春・槌本）。

## 推定150cmの伝説の主が棲む湖
# 門入ダム
### 香川県さぬき市

**概要**

昭和19年完成の門入(もんにゅう)池の水を大幅に抜くことなく、平成11年に完成したこのダムは、伝説の主、推定150cmが生息する魅力ある釣り場だ。香川県さぬき市に位置し、満水位標高は100mと、四国のダムのほとんどがそうであるように、真冬でも問題なくサオをだすことができる。規模は小さいものの、ダム周辺には休憩所、公園があり、足場もそれほど急でない場所が多く、安心して釣りができるポイントがほとんどである。コイの数も多く、釣りやすいのでぜひとも秋から冬にかけてねらってみてはどうだろう。

エサはボイリーを使っている。ボイリーは動物質の地味系色のほうがアタリが多いように思う。今までにアタリが多かったのはソース、トリッガアイス、スパイシーシュリンプでいずれもサイズは15mmだ。真冬でもその傾向があって、派手な色で甘い匂いのものはアタリが少ない傾向があるように思う。これは水質がクリアなせいかもしれない。以前の門入池のころは水深3mでも底を見渡せるほどクリアであった。ダムになってやや濁りが出たが、それでもまだきれいなほうだ。

近年ヘラブナ釣りの人も増え、岬の公園付近は満水だと好条件なので、土日、祝日は場所取りになるかもしれない。全体にコイは野ゴイ系の引き締まったタイプが多く、体重はサイズの割には軽めであるが、よい引きをする個体が多いので楽しめると思う。

**ポイント1 岬公園付近**

左岸にあり、堰堤からバックウォーターに向かい、約300m行くと左手に展望台を持つ公園がある。車は10台は軽く駐車できる。そこに車を置きダムに下りると、その前から岬の先までがポイント。駐車場前辺りはそれほど急深ではないが、岬先端に近づくと足元から3mほどある部分も多く、水位が高い時はサオだしできない部分もある。とはいえ、どこでも水深さえ合えばちゃんと釣れるので無理する必要はない

ポイント1 岬公園付近。早秋から秋までがねらいめ

ポイント2 右岸砂防ダム付近。日当たりがよく、真冬の日没後でも当たってくる

### アクセス

高松自動車道・白鳥大内ICで下りて県道41号を北進、R11を志度、高松方面へ。丹生（にぶ）で左折し県道10号へ。石田高南交差点左折、県道264号で堰堤左岸に着く。高松方面からは高松自動車道・志度ICで下り県道141号を南下。県道37号を左折して800m先の交差点を右折し再び県道141号へ。直進し県道10号を左折→石田高南交差点を右折、県道264号を直進すると堰堤左岸。

### その他

ヘラブナ釣り、バス釣りの人が多いので譲り合いの心を大切に。

---

と思う。

　冬でも水草が残っていて、そこにコイが回ってくるようだが、残念ながら西側に山が迫っており、秋の中旬からは日が陰るのが早いため、できるだけ遅くまで日が当たる場所にサオだししたほうがコイに会える機会が増す。早春から秋までが特によいポイントである。

### ポイント2　右岸砂防ダム付近

　こちらは西向きのため、冬でも夕方から21時頃まではアタリが期待できる場所である。ややドン深の地形だが、食ってくるのは4m前後の水深だ。春のベストシーズンには、深さがありすぎるためか、アタリはなくなる。これはコイが浅場に移動するためと思われる。

　日当たりが非常によく、冬場でも天気さえよければぽかぽかで、コイが寄るのも当然といえる好場所である。水中にまあまあのサイズの木の株があるので、これに巻かれてアウトになることも多々あるが、コイのサイズは、この場所が一番よいと思われ

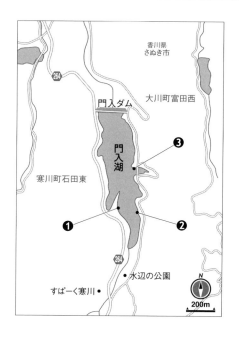

ポイント3　門入橋下。満水時と暖かいシーズンにおすすめ

る。砂防ダムの両側どちらも好場所である。

### ポイント3　門入橋下

　ポイント2の砂防ダムから堰堤方向に湖周道路を200mくらい行くと橋に着く。小さな東屋があって雨の日に荷物を置くのに便利だ。

　ポイントは堰堤寄り（北側）の橋脚から本湖に向かっての周辺。本湖に向かって入り江状になっている。本湖側まで遠投するとカカリがあってよくオモリを取られるので巻き上げる際には注意。入り江の中は特にカカリはない。満水時や暖かい時期にはよいが、減水時と冬期は期待薄だ（2010春・槌本）。

## 目を疑うほどの巨ゴイが生息する
# 前山ダム　香川県さぬき市

**概要**

　昭和50年完成の比較的新しいダムだが大型のコイが相当数生息している。湖自体は小さいが、信じられないほどの巨ゴイが目撃されている。

　盛期は5～6月と10月いっぱい。これ以外はよほど天候などの自然を味方にしないと厳しいかもしれない。

　新しいダムにもかかわらず、とんでもない化け物が生息することから、デトリタスなどの自然のエサが豊富であると思われ、食わない時には全く食わない。雨後がねらいで、2009年6月の大雨の日の翌朝102cmを、10月の台風一過の翌朝98cmを釣っている。

　これなどは小さいほうで、私の友人は10年前に目の前でメタボ成人の腰回りを凌ぐモンスターを見かけて腰を抜かしかけたほどだ。私が10年前に目撃した7尾も、とても110cmではきかない巨体であった。ボイリー、イモ、大豆ともに効果的だが、コーンにはやや反応が鈍いようだ。

**ポイント1　公園前**

　県道3号沿いにあるお遍路会館の、お遍路資料展示室の側に駐車してダムに降りると公園がある。その前が釣り場で足場はよく、満水時は石でできた階段からサオをだす。ロッドポッドは問題ないが、アングル、ピトンは階段の上の地面にサオを立てることになる。減水時は問題ない。

　山からの水が入る流れ込みがあり、大雨の際には相当の水量がそこから入るので、階段下から約30m堰堤側に向かって蛇行しながら大きな溝になっている。この溝に沿ってデカイコイはエサをとっているようで、昨年（2009）上げた102cm、98cmともこの溝に上手く入った状態で食ってきた。特にカカリもないので安心してやり取りできるが、お遍路資料展示室側に走られると多くの沈木があるので巻かれる。ヘラ釣りの人に聞いても、流れ込み前で仕掛けや穂先を一瞬で飛ばされた経験をしているよう

ポイント1の公園前の釣り場。足場はよい。サオ立てはロッドポッドが使いやすい

ポイント2　バックウオーター前は満水時がねらいめ。減水時は釣りにならない

### アクセス

さぬき市街方面からは県道3号を南に向かい前山ダムへ。徳島県阿波市方面からはR193を北上し、美馬市脇町でR377へ。さぬき市多和駐在所前の信号を左折して県道3号へ入り前山ダムへ。

### その他

公共のダムなのでサオ数の制限、遊魚料はない。一部ドン深の所や足場の急な場所があるので事故やゴミの放置、騒音など周囲に迷惑をかける行為さえ避ければ自由に釣りができる。

で、雨後はここをねらうのがセオリーと思われる。満水時で10m投げて水深約2.5m、20m先で水深3m強程度。

### ポイント2 バックウオーター側

公園前から県道3号を大窪寺方向（南）へ約100m行くと、ダム側に車で降りられるスロープがある。その先に公園跡があり、さらに進むと狭い舗装道がある。その道を少し行くと砂防ダムが見える。この砂防ダムの30m手前に1台分の駐車スペースがあり、その前がポイント。満水時には大ゴイがうろうろしている。特に底に変化がないので風や流れを読んで釣ることが大切だ。また、対岸との距離が40mもないのと水深は2.5mほどなので静かにねらうことが大切。減水時には完全に干上がってしまい釣りにならない。

### ポイント3 対岸スロープ

ポイント1の公園の対岸に位置する。夜は真っ暗で寂しい。数年前は5〜6月にこ

ポイント3のスロープ前。ゴミの堆積が目立つ。きれいな砂底を探せるかがカギだ

こに入ってアタリがないことはめったになかったが、ここ数年は食いが悪い。しかし、昨年は約40m沖をねらい、87cmをトップに数尾を釣った人がいる。警戒心を解く作戦が必要であろう。

一番の問題は底の枯れ草で、数年前は底がきれいだった。夜のバス釣りが増えたことも岸近くで当たらなくなった原因だろう。画像左の水中から木が生えている付近には大きな石が3個、コンクリートの塊が2つあるので、注意が必要。深夜、コイはこの石付近にエサを摂りに来る。水深は10m投げて満水時で2.5m程度、30m先で3m、その先はあまり深くはない。きれいな砂底を探して、うまくエサを入れることが結果につながる（2010秋・槌本）。

# 小さな静寂のダム湖
# 野口池　香川県仲多度郡

**概要**

　人里離れた山中にあって、水がきれいでこぢんまりとしたダム湖で釣りをするのが好きだ、という人にもってこいの釣り場が野口池である。

　野口池は野口ダムによって堰き止められた溜め池だ。野口ダムは日本一の溜め池といわれる満濃池（釣り禁止）のすぐ近くにある堤長123mの多目的ダムで、地元ではアユで有名な財田川水系。近くには塩入温泉もあり、家族連れで楽しむのにも向いていると思う。

　このダム湖は水がきれいなのが特徴で、コイの姿もよく見える。完成が昭和41年と、それほど古いダムではないが、かなりの大ものがいる。

　よく姿を見ることができるコイのサイズは60〜70cmクラス。釣れてくるのもだいたいそのサイズだ。山の中にあるダムにしては岸からドン深の地形ではなく、足場は結構よい。

　ヘラブナ釣り場としてはあまり有名ではないので、釣り場は切り開かれた部分は少ないが、ちょっと開拓すれば、よいポイントはいくらでもある。今回は特に苦労なくサオをだせる2ヵ所を紹介する。

**ポイント1**

　湖の右岸。県道4号沿いにあり、車は5〜6台は軽く駐車できる。満水時の釣り座の広さは1人分。それもぎりぎりの足場しかないが、釣り座下は浅く、危険ではない。夏から秋には減水するので遠浅の足場ができ、3人くらいならサオだし可能だ。

　いつもコイがウロウロしていて、すぐにでも釣れそうだが、水の透明度が高いうえ、魚も用心しているので、チャンスは朝イチか夕方から夜だ。

　満水時は、サオから約10m先までは水深50〜100cm、その先から段々深くなるのでサオを2本使い、かけ下がる際に1本、もう1本は徐々に深くしていき、その日のタナを見つけるとよい。減水時も同じように岸際に1本、もう1本でタナを探る釣り方をおすすめする。

**ポイント2**

ポイント1　浅場でクリアな水質のため、朝夕が勝負

ポイント2　大型の目撃話も多い

### アクセス

高松市内からだとR32（琴平街道）を南下し、まんのう町役場を過ぎ、県道4号の標識を左折しダム堰堤へ。

### その他

遊漁料、サオ数制限などなし。ボート禁止。

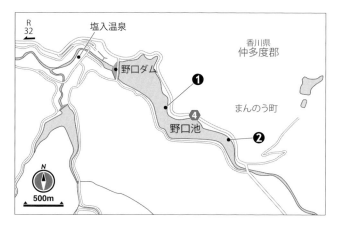

ポイント1から県道4号をさらに南下した釣り場。ここも4台は駐車できる。

どちらかといえば春から夏までのポイントで、あまり減水が進むと水がなくなってしまう。足元から数メートル先ですぐ深くなり、ちょうどV字になった地形の真ん中は水深3mくらいある。底は小石だらけで、よく探って、一部砂地になった部分にエサを入れると食ってくる。外道としてナマズが当たるが、その場合は底が違っているので、よく底を探り直して正しく砂地の部分に入れるようにしないとコイは釣れない。

このほかにも釣り場はたっぷりある。左岸も車で行けるので、自分がよいと思った場所にサオをだしてみたらいかがだろう。私も数回しかねらっておらず、そのなかでも実績のあったポイントを紹介したが、まだまだ未知数のダムである。

過去にヘラブナ釣りの人がボート釣りでコイを掛け、そのコイがやり取りの末浮いてきた瞬間に、あまりのデカさにびっくりしたという話を聞いたが、その方は今までにヘラの仕掛けで95cmまでのコイを釣ったと話していた。その浮いてきたやつは、はるかにデカかったとか。

バス釣りの人も多いので注意。また、自然豊かで晩春から秋までは左岸側にはヘビもウヨウヨいるうえ、樹木が生い茂り、涼しさはあるものの、蚊の猛襲に悩まされるので、蚊取り線香は必須だ。

ここのコイはボイリー、イモ、コーンのいずれもよく反応する。前述のように、水が綺麗なのでラインは細いほうがよいだろう。

付近にコンビニ等はないので注意。食事はダム堰堤下にある塩入温泉の食堂でできるが、水曜日が休みなのと、営業時間は10時から21時までなので注意。サオ数の制限等はないが、現在ボートは禁止である（2012秋・槌本）。

野口池のコイ。60〜70cmが多い

# 秘境を好むマニアにおすすめ
# 長沢貯水池 高知県吾川郡

**概要**

　山奥に巨ゴイを求めるというスタイルが好きな方のために、まさに秘境という雰囲気の長沢貯水地を案内したい。昭和24年完成と古く、周囲を1000m級の山々に囲まれたワイルドな雰囲気のダム湖で、満水時標高は700m近い。細長い川状で約6kmある。釣期は5月中旬から10月下旬が盛期。朝晩は相当冷えるので注意。真夏でも防寒着の用意は必要だ。

　コイの数は多く、盛期は撒きエサをすると50～60cmの魚がすぐ集まる。130cmは軽くある個体を含めてメーター級も多数目撃されているが、釣れてくるのは60～70cmがほとんどだ。水は綺麗で透明度が高いので、ラインは細いほうがアタリは多い。場所によっては石のカカリが多く、コイもハリ掛かりするとすぐに石に巻くので、カカリ外しの技を身に付けていないと取り込めない。

　県道40号沿いの左岸にも釣り場はあるが、交通量が多い割に道が狭く路肩駐車になるため、今回は駐車が楽な右岸の3ポイントを紹介する。

**ポイント1　堰堤**

　長沢ダム堰堤を右岸に渡るとすぐそこが釣り場。ドン深だから、エサは投げずにサオ下に落とす。水がきれいなため、その日の状態、時間によって水深7～10mをねらう。また、サオと仕掛けを離すために斜めに投げる。自分の真ん前で釣るとコイが警戒する。満水なら林道から水辺に下りる階段付近から歩道に沿って足場はよいが、減水期には階段を下り、さらにガレ場を下りてサオをだすので、注意が必要だ。滑りやすい地質ではないが、夜や雨などで濡れている時は特に注意。

　広さは3人くらいの場所だが、話し声などには注意する。うるさいとアタリは遠のく。車は林道（舗装なし）沿いに10台は停められる。

**ポイント2　馬の背**

　ポイント1から右岸の林道を約1.7km

ポイント1　堰堤。ドン深のため、サオ下を釣る。釣り座から斜めに投げてエサとの距離をとること

ポイント2　馬の背。釣り場までの落差が大きいため少々ハード。マニア向けの場所

### アクセス

松山道・いよ西条ICで下り、R11を松山方面に進み、加茂川橋を渡り左折してR194を進む。本川トンネル出口から約5km先で県道40号へ右折すると約2kmで長沢ダム堰堤に着く。

### その他

湖の右岸は未舗装の悪路。現地に店はない。遊漁料は日券2000円、年券5000円。いの町本川漁協（Tel 088・869・2777）。R194から県道40号へ曲がる角の「本川村遊漁者センター」で購入可。サオ数、夜釣りの制限はない。

バックウオーターに向かって進むと右に登る道があり、そこを登ると車を5台停められる広場がある。夏から秋は草ぼうぼうになるので草刈りバサミが必要。そこに車を置き、ダムに向かって急坂を下ると湖に出る。大きな馬の背状の岬が正面にある。ポイントは馬の背の両側だ。先端もよさそうだが、崩れやすいのでやめたほうがよい。

水深は満水時で30m投げて5～6m。10m近く落ちる場所もあるのでオモリでよく探って釣ってほしい。サオから車までは相当急な坂を登ることになるので、楽な釣りに慣れた人には大変かも。

センサーによっては電波が届かないので、テント持ち込みになる。馬の背部分にテントは6人分は設置できる。満水ならサオも12本はだせる。

## ポイント3 ボートスロープ

2の馬の背からワンドを挟んだ対岸だ。満水だと、馬の背へ上がる急坂から50m先のフェンス際に車を停め、フェンス横を抜けてスロープを下ってサオだしすること

ポイント3 ボートスロープ（ポイント2の馬の背から撮影）。馬の背から遠投したほうがよいかも

になるが、最近、フェンス周りに頑丈な鎖を張った杭が立てられ、荷物が大きいとフェンス横を抜けるのはきついので、馬の背側から遠投して釣るほうがよい。画像のようにコンクリートのスロープがあり、その際がよい地形をしている。その付近でコイは食ってくる。奥に立木があるが、メータークラスはこの立木際を通り、スロープ、馬の背の付近にエサを取りに来るようだ。

立木際で静かに身を隠していると日没時や早朝などに興奮ものの魚を目撃することがある。立木周りは石だらけで釣りにはならないが、その付近に餌場があるはずだから、そこを探し当てると一発があるかもしれない。広さは1人分の釣り場（2011春・槌本）。

## 全国有数の清流で美ゴイを釣る
# 仁淀川・加田キャンプ場周辺
### 高知県吾川郡

### 概要

清流、仁淀川は水源を愛媛県石鎚山に持ち、流路延長124kmを誇る吉野川水系の一級河川で吉野川、四万十川と並ぶ四国第三の河川である。

四万十川の陰に隠れ、知名度では一歩譲るかもしれないが、水質は四万十川より素晴らしく、全国有数の水が育んだ美しいコイが釣れる川だ。

アユ釣りやカヌー遊びでも大変よく知られており、瀬と淵が交互にあって変化に富んだ釣り場を形成している。

河川敷の多くは車で乗り入れることが可能だ。ただし、場所によってはスタックする危険があるので4WD以外の車は注意が必要だ。

コイ釣り場は多く、選ぶのに迷うくらいだが、今回はトイレがあって便利な加田キャンプ場を紹介したい。

ここは非常に広いキャンプ場で、夏場はあまりにキャンプ客が多いため釣りにならないが、キャンプ客の少ない春〜初夏と秋〜冬にかけては平日なら貸切状態で釣りが楽しめる。

### ポイント1 水門前

日下川からの流れ込みがここでぶつかり、よいポイントとなっている。20m投げて水深は3mくらいだが、地形はかなり複雑である。したがって、必ずオモリやフロートなどを使って入念に底を探り、深さ、ストラクチャーの位置を確認することが大切である。

水門近くは大小の岩が沈んでいて根掛かりしやすいので注意が必要となる。

秋にはアユをエサとして使うと食いが上がるようだ。

水門よりやや上流側の対岸にテトラが入っている。そこは日下川との三角地点になった場所で地元の人が94cmを上げている。

ポイントまで普通車で乗り入れるとスタックするので徒歩で行くことになる。

### ポイント2 下流側チャラ瀬下

ポイント1 水門前。日下川からの流れと本流との合流点になっており、良型が期待できる

ポイント2 チャラ瀬の下で流れがよく、活きのいい魚が多い場所である

### アクセス

高知自動車道・伊野 IC を下りて R33 を須崎、窪川方面へ。途中、R194 との分岐があるが、R194 側を約 1km 強進むと左側に加田キャンプ場入口の小さな看板がある。

### その他

仁淀川漁協管轄で遊漁料は日券 2000 円、年券 8000 円、現場売りは 500 円増。アユ釣りの時期は邪魔にならないよう注意をしてほしい。お互い譲り合いの気持ちで楽しみたい。

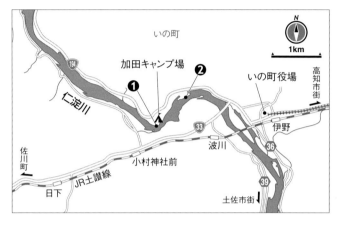

水門前が加田の釣り場で最上流とすれば、このポイントは最下流に位置する。

水門前から淵気味の深みがあり、やがて浅場となって、次に瀬が現われる。その瀬のすぐ下流がこのポイントで、大場所に慣れた人は「えっ？ こんな場所で」と感じるのではないか。

しかし、小さな淵ながらもコイの数はかなりのもので、70〜80cm 台がサオを絞ってくれる。水深は浅くて 2m くらいの場所で食ってくる。

セオリーどおり、瀬から落ちてきた流れの速い部分より、少しずれた流れの緩やかな部分にエサを置くとよい。天気のよい昼間は流れのややきつい側、朝一番や夕方のベストタイムには緩やかな側と考えれば数を稼げるだろう。

このポイントへは普通車でもほぼ乗りつけに近い状態で行ける。車輪の跡があるのでそこをなぞるように車を進めていけばよい。ただ、雨の後などぬかるんでいる場合はスタックする危険があるので注意が必要だ。

キャンプ場としてトイレ、水道の設備も整っているので家族で出掛けるのにも最適だと思うが、底は変化に富み毎年水の事故で子供が亡くなっているので、くれぐれも細心の注意を払っていただきたい。

アユ釣りのシーズンは釣り人が押し寄せるので釣りにならない場合がある。また、カヌーを楽しむ人も多いのでトラブルのないようにラインは沈めておくことをおすすめする。（2011 秋・槙本）。

※追記：2015 年 2 月 28 日、加田堤防工事に伴い、加田キャンプ場は廃止となった。

私たちのクラブのメンバーが釣ったコイ

## 四国を代表する大型のダム湖
# さめうら湖
### 高知県 長岡郡、土佐郡

**概要**

　四国地方が渇水になるとよくニュースになるさめうら湖は、高知県の長岡郡と土佐郡にまたがる一級河川、吉野川上流に建設された早明浦ダムによって誕生した。吉野川水系における水資源施設の中核をなす四国地方最大のダム湖で、西日本でも池原ダム（奈良県）に次ぐ規模を誇り、全国でも13位とされる。

　堰堤から上流の小金滝まで約22kmあるといえば、その広さが分かる。完成は1975年で古いダムではないが、完成時に放流されたコイが大型に育っており、魅力的な釣り場だ。

　山間にあるダムの特徴で、釣りに向く足場の所は少ないが、大変な担ぎ込みをしなくてもサオをだせる場所が数ヵ所ある。

**ポイント1　小金滝**

　今回紹介するなかでは最上流の釣り場。ポイントまで舗装スロープがあり、足場はよい。コンクリートなのでサオ立てはロッドポッドを使う。車は小金滝橋を右岸に渡ってすぐ左の車止め前に3台置ける。釣りが可能な人数も3人程度。この場所はダムの貯水率が90％以上ないとただの渓流で釣りにならない。

　満水なら足元から水深約7mのドン深で、90mほどの対岸までほぼ同じ水深だ。手前と対岸際に昔の橋脚跡が残っており、その周りはコイの回遊場である。仕掛けは足もとに落とせばよいが、春から秋は、わずかでも底に変化のある所なら真ん中でも対岸でも釣れる。対岸によい流れ込みがあり、80m程度キャストできれば、水中にある3m四方の台地に届く。水深3～4mある。対岸の橋脚跡付近もコイは多いが、こちらはさらに距離があるのと、石が多いので根掛かりしやすく、よく底を探って砂地の部分に入れないと仕掛けを失う。乗っ込み期や初夏にはコイが対岸の流れ込みに集まる。キャストに自信があればねらいたい。雨後に大ものが食う。

ポイント1 小金滝。コンクリートで足場がよい

ポイント2の大川村中切り付近の風景

### アクセス

高速高知道・大豊ICを下りてR439を大豊方面へ約20km走ると「早明浦ダム・県道17号」の標識がある。右折すると堰堤に出る。

### その他

嶺北漁協の管理。遊漁料は日券3000円、年券5000円。いずれも現場売りは1000円プラス。大豊IC近くの道の駅大杉（R32沿い）か、道の駅土佐さめうらで取扱あり。

## ポイント2 大川村中切付近

小金滝橋から県道265号を堰堤方向に進むと約2kmで道がU字にカーブする。そこに流れ込みがある。さらに約70m進むと道が広くなり2～3台駐車できる。

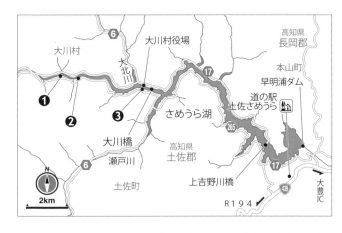

60cm四方の板を斜面に打ちつけてあり、その付近だけ木もなく開けている。山側は20mくらいの長さに渡ってコンクリートの壁がある。満水なら直径2～3mの大きな岩が1つ水面下にあるのが見える。その前後50mくらいが草の広場で満水でも3人くらい入れる。ここもあまり減水すると釣りにならない。駐車スペースの上流、杉の木が数本ある所に階段がある。

手前は全体に硬い泥底で所々に小石がある。わずかな底の変化や大岩の裏をねらう。

## ポイント3 村役場対岸

小金滝から堰堤に向かい県道17号を進むと大川村役場がある。その先の大川橋を対岸（右岸）へ渡り、約150m上流に戻るとスロープがある。その辺りは道も広く駐車できる。

底は砂と硬い泥。カカリはほとんどない。コイも多いので、よい時期なら釣果はある。減水しても釣りは可能だ。対岸の大川村役場下のスロープも釣りはできるが、ジャカゴが入っているので、貯水率50％程度に減水しないと必ず根掛かりする。減水しても大石だらけだ。コイは多いが、大ものは少ないようだ。

とにかく大きな湖で、知っている釣り場を書くだけで1冊の本ができる。大部分は沢を下るような釣り場だ。ボートがあればもっとサオをだせる釣り場がある。ただし、ボート持ち込みは事前登録が必要だ（2014春・槌本）。

ポイント3 大川村役場対岸の釣り場

## 手付かずの金色カープを求めて
# 筑後川 福岡県久留米市

**概要**

　筑後川は、阿蘇山を東から西に流れ、有明海に注ぐ川である。1965年に指定された一級水系筑後川水系の本流で一級河川に指定されている。また伝説の生き河童、"鯉とりまあしゃん"の舞台にもなった川でもある。昔は、筑後川のあちこちでコイ釣りをやっている人がいたが、現在はバス釣りの人を見かけるくらいで少し寂しくも感じる。

　そのぶん場荒れしてない場所がほとんどで、釣れるのは黄金色のコイが多くうれしい。

　紹介するポイントは年中コイ釣りが可能だ。駐車場、トイレも近くにあるため初心者から上級者まで楽しめる。九州ではコイ釣りに使われるエサはダンゴ、サツマイモが主流で、私の仲間以外は、ボイリーで釣っている人を見たことがない。

　ボイリーで釣りをされる際は、事前のフィーディングがかなり重要になってくる。そのため最低でも3日前からフィーディングしたいところである。ボイリーがハマれば、かなりの釣果が見込める。

　ボイリーでの釣果は、8割がコイで後はニゴイ、ナマズである。アメリカナマズがいないのはうれしい。アベレージサイズは70cm台が大半である。筑後大堰下（潮止堰）はメーターも数多く上がっている夢のポイントだ。

**西鉄天神大牟田線・宮の陣駅側**

　車の駐車スペースとトイレがあるので、家族での釣行も楽しめる。バーベキューしながらでも楽しめる。

　このポイントの底質は、砂が大半を占め、小石が少し混じる程度でカカリがない。ラインブレイクの心配もあまりない。対岸に行くにつれて徐々に深くなっている。ねらうポイントは、岸から15〜20m付近。水深2.5〜3.5mのカケアガリになっていると同時に、橋脚周りのため、自然とコイが集まる。コイの捕食ポイントになっているため釣果もついてくるはずだ。

　ここのポイントでは、植物質のボイリーでアタリをもらえることが多い。ストロベリースコペックスが特におすすめだ。

　フィーディングは、まずツナ缶、コーン、鳥のエサ、使用するボイリーを数種類ク

西鉄天神大牟田線・宮の陣駅側

筑後大堰下のポイント

### アクセス

西鉄天神大牟田線宮の陣駅側へは久留米ICを下り県道210に向け直進し、野々下交差点で左折後、宮の陣橋を目差す。筑後大堰下（潮止堰）へは久留米ICを下りR322、209、264経由で筑後川方面へ。豆津橋手前を左折して県道47号を進む。

ラッシュして混ぜ合わせた物を1kgとクラッシュしていないボイリーをひとつかみほどフィーディング。

フィーディングして1時間ほど時間をおいて釣りを開始するとアタリを早くもらえることが多い。

アベレージは70cm台が大半だが、なかにはかなりの大ものもいる。実際に目撃もしているため、今年の春にはかなり期待しているポイントだ。

### 筑後大堰下（潮止堰）

筑後大堰下は、昔から大ゴイ釣りの場所として地元の人たちを楽しませてくれている場所だ。以前よりは釣り人の数は減ったものの、今でも久留米のコイ釣りファンの中では人気スポットになっている。

ここでは、数多くのメーターオーバーのコイが釣られており、23kgの大ゴイも上がっている。

こちらのポイントも駐車場、トイレが完備されており、車横付けで楽しめる。それも人気の理由だ。

底質は、汽水域のため泥と石がほとんど。汽水域特有のヘドロ気味なので良好とはいえない。ポイントは岸から10～20mまでの浅瀬。

この場所で好釣果が出ているエサはダンゴの吸い込み仕掛けだ。ボイリーでの釣行をされる際は、ヘドロ気味の底に埋もれないようにポップアップを使うのも有効な手段だ。

春先まで好釣果が出ているため、大ゴイねらいの方にはぜひ挑戦してもらいたい夢があるポイントだ。

2つのポイントを紹介させていただいたが、コイ釣りにはセオリーがあっても正解は1つではないと思っている。そのため参考程度になればと思っている（コイ釣りは人生設計にも通用するとも思っている）。コイ釣りをより多くの人に楽しんでもらいたい（2015春・高山）。

釣れるコイは金色でグッドコンディションだ

# ザ・シーズナルパターン 河川編

## 淡水と汽水で異なる攻略

日本には3万本を超えるといわれる大小の河川が流れている。その多くの河川にコイは生息しているといってもよいだろう。一番身近といえるフィールド・河川の攻略法を淡水と汽水に分けて解説する。

### 身近な河川で楽しめる

コイは自然あふれる河川だけではなく、コンクリートに囲まれた都市河川や小さな用水路にまで生息している。きっと誰の近くにもコイが潜む河川があるはずだ。忙しい人でも近所の川に釣りに行く時間くらいは作れるだろう。しかも河川には水の動きがあるためコイの動きも活発で、湖などの止水と比べるとアタリを多くもらえる可能性が高い。したがって長時間でなくても釣果を得られる。

また河川には淡水域と汽水域がある。汽水域は河川の形状や高低差、淡水の流量などで海水の影響度は違うが、淡水とは攻略方法が異なることも理解しておきたい。

> **解説：森田光昭**
> ●プロフィール
> 1961年生まれ。神奈川県伊勢原市在住。京浜大鯉倶楽部所属。自作ボイリーをメインにコイ釣りを楽しむ。エサ作りやリグ作り、ポイント探し、攻略法などあらゆる面でオリジナリティーを重視している。一所懸命楽しむことを信条とする。

### 水温上昇がカギ

私自身が目安にしているのは川辺に生える雑草の伸び具合だ。枯れた草むらの中に緑色の新芽が目立つようになると春を意識し、新芽が伸びてくる頃が春の最盛期と考えている。春は産卵の時期でもあり、一年のうちで最も大型を釣りやすい季節ともいえる。

●淡水域

コイは暖かい場所を求めて動いており、日当たりのよい、早く水温が上がる場所がポイントとなる。南向きや西向きの釣り場なら長時間日が当たっているため、水温は上がりやすい。そしてその場所がカーブの内側なら、必ず浅場があるはず。そんな場所を探したい。

産卵時期になると、本流に流れ込んでいる小さな支流の流れ込み付近やアシ、藻の際などもポイントになる。

産卵は小型から始まり、大型は最後になる。中型が産卵しているタイミングで、産卵場所のやや沖の深場には大型が待機しているはずなので、そこをねらう方法もある。

なお、河川によって産卵場所は違うため、釣り場のコイがどこで産卵しているのかを見ておくことも攻略の重要なヒントとなる。

●汽水域

日当たりがよく、カーブの内側にある浅場を選ぶのは淡水域と同様だが、汽水域は水温の高い海水が入り込んでくるため、淡水域よりもコイの動き出すタイミングが早く、産卵もやや早くなる傾向がある。

また汽水域は海水の影響で藻が繁殖しないため、コイは水際のアシや水底のゴミ、人工的な建造物などに産卵しているようだ。

産卵場所は潮の満ち引きによって干上がってしまい、本来待機する場所も水位によって変動してしまう。待機場所が沖の深場であれば、そこをねらいたくなるが、深場の底には海水が這っているためポイントにはなりえない。

流れに乗った川のコイの引きはパワフル。身近な河川でもビッグゲームが楽しめる

今回紹介したセオリーを軸に自分のフィールドに当てはめて、河川のカープフィッシングを楽しんでいただきたい

そのため産卵の待機場所をねらうよりも、産卵場所に近い場所で、カーブの内側にある浅場をねらうほうが確実といえる。

## 涼しく水通しがよいエリアを捜す

夏の目安にしているのは虫の鳴き声だ。セミが鳴き始めると夏、夜にコオロギの声が頻

色が濃くなっているのが深場。手前にはアシがあり、深場から乗っ込みを意識した魚が浅場に入ってくる

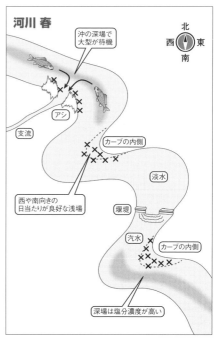

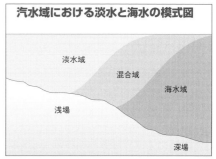

繁に聞こえるようになると夏が終わったと考えている。夏のコイ釣りはどこが涼しいエサ場かを考えることが重要だ。

この時期はコイ以外の魚の活性も高いため、フックベイツは20㎜。フックもそれに応じて大きめの2番などを使用して、コイ以外の魚のハリ掛かりを防ぎたい。また動物質の粉末エサを使うなどしてコイをなるべく早く寄せる工夫をすれば、カメにも効果的だろう。大型のコイが寄ればカメは逃げるはずだ。

●淡水域

夏は水温の高すぎない、やや深場で、なおかつ水通しのよい場所を選ぶのがセオリーといわれる。要するに涼しくて、エサが溜まる場所であればアタリをもらえる可能性は高くなるわけだ。

たとえば橋の下は日陰になっており、風も通るため、釣り人にも快適な場所だ。橋脚の下流側が日陰になっていれば、流れに変化がありエサも溜まりやすい。昼間でも充分釣りになることはコイ釣り経験者ならご存じのはずだろう。

ほかにも、川岸の西側に大きな建造物や大きな木などが立っている場所があれば、午前中の早い時間帯の日差しを遮ってくれるため、時間限定の釣り場になりうる。さすがに日が高くなると日陰はなくなるので、あくまでも午前中限定の釣り場だ。ただ、いくら涼しくてもエサが溜まる要素がなくては釣りにならないことは忘れないようにしたい。

●汽水域

海水の影響を強く受ける河川では、浅場でしか釣りにならない場合が多い。これは水底に塩分濃度の高い海水が這っているからだが、このような汽水域では、涼しくて、なおかつ浅場という矛盾した場所を探さなくてはならない。

淡水域と同様に日陰を選ぶのも方法ではあるが、カーブの外側に出っ張った部分のある場所や、水門などの吐き出しがある場所も選択肢になる。カーブの外側は流れが早く水通しがよい。そこに出っ張った部分があれば反転流ができ、土砂も溜まって比較的狭い浅場になる。すぐ脇を速い流れが通るため、水通しのよい浅場といえる。カーブの外側に水門などの吐き出しがある場合も同様だ。吐き出し周辺の水底は扇状に浅場が広がり、すぐ脇には速い流れがあるため、涼しいことが分かるだろう。

## 寒暖に応じてポイント選択

夜にコオロギが鳴き始める頃から、虫が鳴かなくなるまでを秋と位置づけている。秋の長雨といわれるように、雨後の釣りになる場合が多く、日によって暖かい日と肌寒い日があるため、状況に応じたポイント選択が必要になる。

フックベイツのサイズは、暖かい日は20㎜、肌寒い日は15㎜など、不安定なその日の状況に対応していくしかないだろう。

●淡水域

一般的には適水温の時期なので、コイは広範囲に動き回り、エサ場になっている場所なら釣果を出すことができる。

しかし、雨後の釣りはやや違ってくる。雨の量にもよるが、増水して流れが速くなっている場合には、コイが流されまいと避難しているポイントを見つけられれば大型をあげることができる。

具体的には岸際のテトラや障害物などの裏側などがこれにあたる。周囲と比較して明らかに流れが巻いたり、淀んでいる場所があれば、そこに避難している場合が多い。そんな場所を攻略するには、フィーディングは必要ない。増水で水も濁っているので、フックベイツに目立つ色を使用すれば、それだけでアタリをもらえることも多いはずだ。

●汽水域

海水の影響を強く受ける河川では、暑い日はカーブ外側の浅場、肌寒い日はカーブの

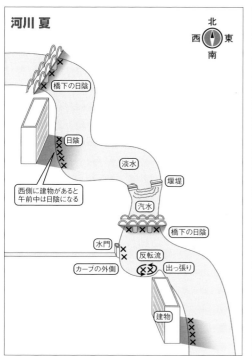

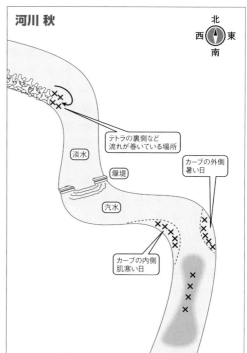

夏場はテトラの際の深みも好ポイント

汽水域では干潮時に干上がってしまうようなポイントが満潮時のポイントになる。水深は膝下もあれば、魚は充分食ってくる

内側の浅場がポイントとなる。

　しかし雨後の増水時は今までねらわれなかった深場がポイントになりうる。淡水の流量が増えるとともに、速い流れが水底を這う海水の塩分濃度を下げ、層の厚みも薄くする。これによって深場のエサが溜まる場所でアタリをもらえるようになり、大釣りができる場合もある。

　この場合もフックベイツは目立つ派手な色のほうがアピール度は高く効果的だろう。

河川は護岸されている場所も多いので、魚はマットの上で扱おう

## 水温が安定している汽水がおすすめ

夜に虫が鳴かなくなった頃から、雑草の新芽が出る頃までの間は冬を意識した釣りをしている。この時期のフックベイツは15mmをメインとし、フックは6番などを使う。ボイリーで釣果が出ない時にはサシ、汽水域ならゴカイも有効だ。また河川によっては温排水が流れ込んでいる所もあるだろう。温排水の流れ込みは、コイにとって快適な場所であるため、多くのコイが集まってきている。

温排水の流れ込みがある場合、温排水が川のどこを流れているかも把握しておきたい。温排水の芯には小型が集まるが、大型は小型よりも低水温に強いため、少し外れた所で捕食している。芯よりも、やや外れた下流をねらうことで大型が釣れる確率を高めることができるはずだ。

### ●淡水域

水温が低く、活性が上がらずに、付き場からほとんど動かないことが考えられる。そのため日当たりがよい、付き場周辺をダイレクトにねらう釣りになる。深場の障害物がある付近や、テトラが入っている足もとの深い所をねらうと、アタリは遠いながらも何尾か上げることができる。この時期の淡水域では、コイが釣れただけでよしとしなくてはいけないだろう。

### ●汽水域

水温の高い海水が入ってくるので、冬でも比較的水温は高く、潮の満ち引きもあるのでコイも動かざるを得なくなり、その結果エサも摂るようになる。つまりポイントさえ正しく選べば、汽水域は冬でも釣りやすい場所といえる。

海水の影響を強く受ける河川では、日当たりのよい南もしくは西向きのカーブの内側にある浅場をねらう。

またゴカイが生息している場所があれば、コイはゴカイを捕食しにその周辺に集まってくる。ゴカイは小石交じりの砂底に生息しており、干潮時に露出する水底を調べて、小さな穴が無数に開いていればゴカイがいると判断できる。きっとコイも集まってくるはずだ。そんな場所ではゴカイが効果的ではあるが、ボイリーでも充分釣果は期待できる。

## 一般論を自分のフィールドで置き換える

ここに記したことは、あくまでも限られたエリアでの経験に基づくことなので、異なるエリアでは当てはまらないことがあるかもしれない。しかしながら、攻略の考え方は参考にしてもらえるはずと思い、あえて書かせていただいたことをご理解いただきたい。

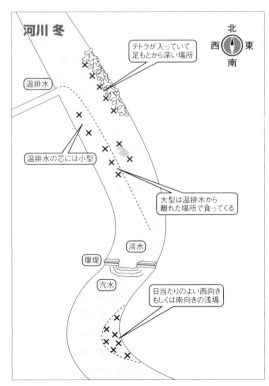

# ザ・シーズナルパターン ダム湖編

## 河川をイメージしたアプローチ

難しいイメージがあるダム湖だが、「河川と湖を足して2で割ったようなもの」そういわれると何だか釣れる気がしてこないだろうか？ ダム湖の大きさに目を奪われず、部分で見ていけば糸口は見つかる。

### ダムは河川の名残

ダム湖は元来河川であり、湖底には必ず当時の川筋が残っている。したがって、川と湖を足して2で割ったような釣りが求められる。ダム湖はよく難しいといわれるが、確かに川と湖の両方の釣りを熟知していないと、なかなか釣れるポイントが見えてこない。また、基本的に魚の放流をしないため、魚影が少ない。そのうえ水位の増減が激しいので、せっかく産卵した卵がかえらず魚が増えにくいのだ。

ダム湖は地図にも等深線が載っておらず、地形が把握しにくい。私は、減水時に地形を確認して記録したり、昔をよく知る住人の話を聞くなどして全体像を把握している。ま

### 解説：宍戸則夫

●プロフィール
1966年生まれ。岩手県出身。漫画『釣りキチ三平』に触発され、小学生からコイ釣りを始める。チームユーロ、ピュアフィッシングジャパンフィールドスタッフを経て、現在はカープオンリージャパン、ツネミFOX、つり具のブンブンカープ部門において、各社のアドバイザーを努める。2009年ワールドカープクラシックフランス大会参戦。

た、最近ではレンタルボートにソナーを積んで地形をチェックし、ポイントを選定することも心掛けている。

ダム大国の日本には数多くのダム湖があり、各地に巨大魚伝説もある。ビギナーの方は河川から入って、いずれダム湖にも挑戦していただきたい。

近年は温暖化の影響もあり、ダム湖に限らず、春の乗っ込み期以外は、明確なシーズナルパターンを語れないのが現実である。自分なりの経験則で、一応のシーズナルパターンを解説させていただくが、その日の釣り場の状況を自身で分析し、常に臨機応変な釣りを心掛けて頂きたい。

### 桜の開花でスタート

春ゴイは水温10℃を境に浅場に姿を見せ始める。いわゆる産卵前の乗っ込みである。私の地元、神奈川県の相模湖や津久井湖を例に挙げると、毎年3月中旬から3月後半、

大ゴイ目撃談も多いダム湖。ぜひ挑戦していただきたい

難攻不落に思える巨大なダム湖も弱点は必ずある

バックウオーターはもはや川といってよい。ポイントは絞りやすく釣りやすい

桜の開花寸前が目安になる。私はこのシーズンに釣り場を見て回り、その年のコイの動きを観察する。同時に岸寄りに撒き餌をして、捕食のタイミングを図っている。この頃はまだ活発に捕食はしないので、カープオンリーの撒き専用餌「FRENETIC FRUITY RED」16㎜を半分にカットしたものを撒くようにしている。

この撒き餌は鮮やかな赤色で視認性がよく、捕食の結果を目で確認しやすい。また、フルーツ系の甘い香りが強く、シーズン初期の食欲がないコイに口を使わせるには有効だ。一気にエサを食いだすのは水温13℃くらいからで、桜が散り出す頃からである。

### 【ポイント選び】
#### バックウオーターをチェック

まずチェックしたいのが、ダム湖の最上流部バックウオーター付近である。この辺りは川の釣りといっても過言ではない。川筋の芯や、川筋カーブ内側のシャローなどが食わせる主なポイントになる。水深は5m以内で、夜などは膝下50cm以下で当たってくることもある。経験上ダム湖では、あまり深い所では当たらず、深くてもせいぜい10m以内である。これは恐らくダム湖特有の溶存酸素濃度などが起因していると思われるが、シーズンを通してみても水深5m以内での釣果がほとんどである。

次にポイントになるのが、小河川や沢の流れ込み付近である。このような場所は、流れ込みの先に土砂などがデルタ状に堆積して、エサが溜まりやすく酸素も豊富だ。

総合すると春は産卵に適した水温が温まりやすい水深5m以内の浅場で、酸素が豊富な場所がポイントになる。産卵床になりそうな水草や流木などが周辺にあると、さらにポイント力がアップする。

### 【フィーディング】
#### 栄養の幅を考慮

水温15℃以下の場合（目安）

春は産卵に向けて徐々に体力をつけるため、コイは植物質の炭水化物から、動物質のタンパク質まで幅広く捕食するようになる。寄せエサは栄養の幅を考慮して、カープオンリーFRENETICの「FISHY」と「CREAMY」16㎜を撒くようにしている。前日にプリベイティングする場合はクワセに使用するエサも合わせて1kg程度。当日から撒く場合はクワセに使用するエサも合わせて300g程度を撒き、1時間程ポイントを寝かせてから釣りを開始する。

水温15℃以上の場合（目安）

15℃以下と同じ内容で20㎜を中心に使用し、量も倍くらいまで多めにする。

### 【フックベイツ】
#### 1投目は24㎜で強気にねらう

カープオンリージャパンスペシャルの「ザリガニ」と「サツマイモ」を軸に、サブに「パイナップルフィーバー」と「シーフードワン」を持参。20㎜を中心に使用し、16～24㎜まで状況に応じて使っていく。活性が高い場合は1投目に大きい魚が来ることが多いので、24㎜のビッグベイトから釣りをスタートさせることもある。

夏は水通しのよい岬がねらいめ

ポイントが絞りにくい秋は橋脚周りなど、まずは目に見えるポイントをねらっていくとよい

## 【リグ】
### 少し大きめの2番フック

　水温15℃以下では、ハリの振れがよいコンビリグを使用している。これは吸い込む力がまだ弱い初期のコイに対し、口の中にハリを吸い込ませることを最優先させるためだ。水温15℃以上になり、徐々に活性が高まるにつれ、掛かりを優先しスティッフリグを使用する。ハリは吸い込まれたら確実に掛かってほしいことと、掛けたらバラさないようにするため、少し大きめの2番を使用している。

## 標高あるダム湖がおすすめ

　産卵が終わり、体も傷ついたコイたちは体力が回復するまで、一旦食いが悪くなる。また、標高が低いダム湖は水温が30℃以上になり、アオコなどが発生すると完全に釣りにならない。目安としては「鼻上げ」といってコイが水面に鼻を出し休んだ感じの姿勢をとるが、これは水中の溶存酸素濃度が低くなり、空気中から直接酸素を取り込むためである。このような鼻上げゴイを見かけたら、まず釣りにならないので、その場所はあきらめたほうがよいだろう。

　この季節は標高の高い、いわゆる山上ダム湖をねらうほうがよい。たとえば、新潟県の銀山湖は夏場でも涼しく、木陰を見つけて釣りをすれば1日じっくり釣りを楽しめると思う。

## 【ポイント選び】
### 水通しのよい岬周り

　日中、日が差すと、コイは浅場に姿を見せなくなる。浅場で釣りをする場合は、日の出前の早朝か、夕方から夜にかけてがよいだろう。日中は水通しのよい岬の先端や木陰などの涼しい場所がポイントになる。水深も10mくらいまで探ってみよう。

　また、山上ダム湖などでは冷たい山水の流れ込み付近もチェックしてみるとよいだろう。湖全体の水温が上昇すると、このような場所に魚が集結することがあり、思わぬ大釣りをすることもある。

## 【フィーディング】
### 動物質系をベースに撒く

　産卵が明けて体力も回復し、水温が20～25℃で落ち着くとコイも捕食活動を再開する。エサもエビやカニ、タニシなど動物質のものを好んで食べるようになるので、寄せエサは動物系のFRENETICシリーズの「FISHY」と「SPICY」の20mmを撒くようにしている。

　前日にプリベイティングする場合はクワセに使用するエサも合わせて2kg程度。当日から撒く場合はクワセに使用するエサも合わせて500g程度を撒き、1時間ほどポイントを寝かせてから釣りを開始する。

## 【フックベイツ】
### 鮮やかなフックベイツも用意

　カープオンリージャパンスペシャルの「ザリガニ」と「タニシ」を軸に使用し、念のため逆サイドフレーバーのパイナップルを持参している。動物系で当たらない場合、フルーツ

桟橋周りは魚が居着いているのでぜひねらいたいポイント。ただし、係留ロープがあるので注意したい

系で色のあざやかなものに反応することもある。サイズは24mmのビッグベイトから反応をみて、徐々にスモールベイトに移行していく。これは全体に高活性であることを前提に、先にビッグフィッシュを掛けるための1つの手段である。

【リグ】
**掛かり重視のスティッフリグ**

活性が高いことを前提に、掛かり重視のスティッフリグを使用している。アタリがあるのに乗らないなどフッキングが悪い時はコンビリグに替える。

## 荒食いは短い!

秋雨や台風が落ち着き、水温が20℃前後で安定すると本格的な秋のシーズン到来である。よく秋の荒食いといわれるが、これは水温が捕食に適した温度になるからである。ただ春と違い、冬に向かって水温低下とともに食いがどんどん落ちていくので、秋のベストシーズンは意外に短い。神奈川県の相模湖や津久井湖では、10月中旬～11月末までである。

【場所選び】
**目に見える変化を追う**

秋は浅場から深場まで広範囲にエサを探し回るので、ポイントが絞りづらい。この季節はコイが立ち寄りそうな変化を釣るようにする。目に見える変化では、桟橋、橋脚などのストラクチャー付近。他に地形の変化では、急なカケアガリ、ハンプなどだ。

【フィーディング】
**動物質を中心に植物質も混ぜる**

秋の初めは夏の延長である。摂るエサも動物質のものが中心なので、FRENETICの「FISHY」と「SPICY」の20mmを撒く。秋の後半、水温15℃を切る頃から水辺に落下した木の実などの植物質のものも摂るようになるので、「FISHY」と「FRUITY」を混合して撒く。

前日にプリベイティングする場合はクワセに使用するエサを合わせて1～2kg撒く。当日から撒く場合はクワセに使用するエサも合わせて300～500g撒き、1時間ほどポイントを寝かせてから釣りを開始する。

【フックベイツ】
**15℃を切ったら植物質**

秋前半は動物系の「ザリガニ」と「シーフードワン」を軸に、15℃を切る後半には「パイナップルフィーバー」や「サツマイモ」を含めた展開をしている。

【リグ】
**吸い込みに優れたコンビリグ**

秋前半はスティッフリグを中心に使用し、水温が15℃を下回る頃からコンビリグに切り替えている。

夏は山からの冷たい沢水が流れ込むエリアは期待大

# ザ・シーズナルパターン 山上湖編

## 水深を正確に投げ分けて大ゴイにアプローチ

自然豊かな山上湖。きれいな水で育ったコイはコンディションがよく美しいが、釣りあげるにはポイントを正確に見抜く力が求められる。山上湖の美ゴイに近付くためのキモをお伝えしよう。

### 山上湖の釣りの奥深さと難しさ

私は河口湖などの山上湖でサオをだすことが多い。山上湖では四季の移ろいを明確に感じることができるのが魅力だ。春は冬枯れしていた山並みに緑が戻り始め、ところどころにピンクの桜が咲き誇る。夏はどこまでも澄み渡るような青空と濃い緑色の山々。秋は燃えるような紅葉。この景色のなかでサオをだすだけでも癒される。

そして、なにより釣れるコイは美しく、たくましい。黄金色や深みのある黒い迫力のある個体など、河川ではなかなか釣れないようなコイがいる。また、湖には私たちが想像もつかないような大ものが潜んでいるような気がしてならない。ロマンがあふれるフィールドだ。

ただし、一筋縄ではいかないのが山上湖。普段、野池など比較的小さなフィールドをホームグラウンドにしている人が山上湖に来ると、その広さに面食らってどこでサオをだしてよいか途方にくれるだろう。河川でサオをだしている人も同じように感じると思う。場所を

> **解説：内藤祐介**
> ●プロフィール
> 山梨県南巨摩郡在住。コイ釣り歴は20年。幼少の頃から父に連れられて釣りを始めた。10代では渓流、フライ、ルアーにはまり、現在はチームユーロに所属し、暇さえあればカープフィッシングに行っている。

河口湖で手にしたミラーカープ。こんな大ものがねらえるのが山上湖の魅力

絞る以外にも、どの水深で食ってくるか、魚のいる水深を推理しなければならない。

しかし、この推理が的中した時の快感はほかのフィールドとは比較にならないと思う。そして、釣れるコイは美しいのだから、文句なしだ。

これから私なりの攻略法をお伝えするので、参考にしていただきたい。なお、山上湖の冬は厳しく、シーズンオフとした（釣れないこともないが……）。そのため、シーズナルパターンとあるが、春、夏、秋だけなのはご了承いただきたい。

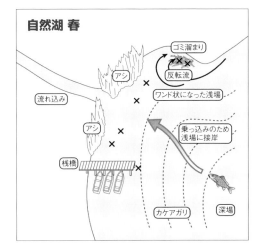

自然湖 春

## 浅場ねらいがキー

春は標高にもよるが、河口湖などでは4月半ばから釣れ始める。まだ水温も低いので、水温が上がりやすい浅場がねらいめだ。また産卵も控えているため浅場がポイントになる。気温が上がり、暖かい日が続くと活発にエサを漁るようになる。5月のゴールデンウイーク頃からシーズンが加速していく。

ひと口に浅場といっても、ポイントによってそれは異なり、湖の水深によっても浅場の基準は変わる。ただし、どの湖もワンドのほうが、水はあまり動かないぶん水温が安定しやすい。魚が入って来やすいので、ポイントとしてねらいめだ。

どの季節にもいえるが、春は特にフィールドを観察して、魚の動きをチェックしたほうがよい。魚は過ごしやすい所に集まる。春は浅瀬に入ってくるので目にする機会が多い。しっかり観察したほうが、結果は早い。

見るポイントはワンドで浅場があり、近くにアシなどの産卵に適したものがある所など。底もよく観察して、ハミ跡、風や湖流で運ばれたゴミ溜まりなどもチェックしていく。見えない場所は底探りでの感触や、ゴミなどが付いてこないかで確認できる。

浅場は春のコイにとって魅力的な場所だが、外敵に見つかりやすいため、近くに身を隠せる岩やアシ、桟橋などのストラクチャーがあると、より入って来やすい。ただし、水温が上がりやすい反面、まだ天候が安定し

春は産卵を意識したポイント選びがキモ。浅場が広がり、乗っ込み場になるアシと流れ込みがあるポイントが理想的

マーカーを使って正確に水深を測りたい

ない春先は気温が急激に下がったり、冷たい雨が降ったりすると、コイは姿を消してしまう。そういう日は浅場から一段下がった所で待機しているので、ポイントは少し深い所をねらうとよい。

浅場をねらう時は、仕掛けが丸見えになりやすい。リグが目立たないように底質に馴染むカラーの物を使ったり、ラインもしっかり底を這わせて、仕掛けを見破られないように工夫したい。

## 消化がよい植物質

春に使うエサだが、春先は消化のよい植物性のものがよい。私が使用するのは、ヘンプ、スイートコーン、麦、スイート系のボイリーだ。まだジャミの活性も低いので、マラシズのようなリキッドを使ってアピールするのも手。

フィーディングの量は、1日なら最初に500gほど撒いて、ようすを見ながら追加していく。2日以上続けるなら、1〜2kg撒いて、2、3尾釣れたら追加していく。いずれにしても、当たり始めたら撒くのはボイリーだけでよい。これはジャミを寄せないためだ。ボイリーのサイズはコイが口を使いやすい15mmをメインにして、アタリが多いようならサイズも上げてみる。活性が低い場合、フックベイツはワフターやポップアップなどを使い、吸い込みやすくするとよい。

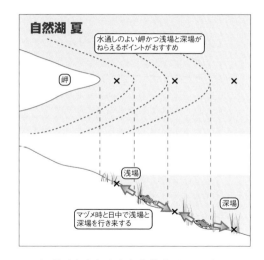

山上湖はポイント選択がシビア。逆にいえば、底探りをしっかり行ない、「ここだ！」というポイントが見つかれば結果は付いてくるはず

ゴミ溜まりなどをねらう場合はヒンジスティッフリグを使い、フックがゴミを拾わないようにしたり、エサが埋もれないようにする。

浅場をねらう場合、エサ替えなどの際に驚かせてしまわないようにソフトなキャストを心がけたい。サミングで投入音を小さくして、プレッシャーを与えないようにする。

## 産卵後の体力回復期

暑くて釣り人にはつらいが、魚は産卵で消耗した体力を回復するためエサを摂るのでチャンスも多い。ポイントは水通しのよい岬やウイード周り。ただしポイントは1つに絞ら

夏はマヅメ時と昼で浅場と深場を行き来するので、両方がねらえるポイントが理想。カケアガリが明確だとねらい分けしやすい

ず、魚の動きに合わせてタナを変えるとよい。山上湖の朝夕はとても涼しいので、積極的にエサを探すため、コイはシャローにも入ってくる。日が上り暑くなってくると、深場に落ちたり、ウイードの陰に隠れたりする。また、湧水や流入河川などは水温が安定しやすいのでコイが付いていることもある。

## ジャミの活性を見ながらフィーディング

フィーディングは、打つポイントを変えることもあるのでドカ撒きはせず、ようすを見ながら撒いていったほうがよいだろう。ジャミの活性も高いので、ジャミの寄せを防ぐ目的もある。フィーディングには20mmのボイリーだけを使い、高カロリーの物がよい。量は200～300g。

ジャミが少ない時は、ボイリーにオイル系のリキッドを使うことにより、集魚効果が上がり、食いもよくなる。

魚の活性は悪くないので、リグはスティッ

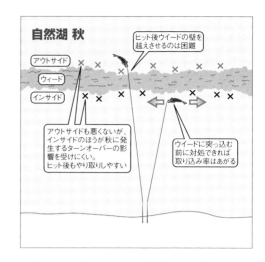

フ系のものがオススメ。Dリグや、太めのフロロ（15号前後）を使ったコンビリグなどが、ジャミにつつかれても絡みづらく、じっくり待てる。またバラしも少ない。

## ウイード絡みのポイントが吉

涼しくなり、水温も適温になってくると、春の次に釣れる秋シーズンを迎える。コイは冬に備えて体を作らなければいけないので、栄養価の高い動物質のエサを好む。水温が魚の適温なら、深場、浅場ともに至る所で積極的にエサを漁るので、春よりはポイントが絞りづらいと思う。

私は、秋は岬周りなどの水通しがよく、ウイードがらみの所をよくねらう。アウトサイド、インサイドの両方ともよいポイントになるが、秋に起きやすいターンオーバー時には、特にインサイドはウイードがガードしてくれるのでねらいめだ。

フィーディングは油分の多いヘンプをメインに、ジャミに強いタイガーナッツ、メイズを加え、ボイリーは20mm以上を使う。

リグは普段使っている物でよいが、秋は魚の引きが強いので、ワンランク上の強度が高いものを使用するとよい。

秋は岬やウイード周りなど水通しがよい場所がねらいめ

# 基本のリグ例

解説　内藤祐介

## ノーマルヘアリグ

スタンダードなヘアリグ。「シンプルが一番」と、これに落ち着くベテランも多い。

### 用意するもの

用意するものは、フック、ハリス、ハサミ、イトを引き締めるプーラー

01　ハリスを切り出し、端イトに小さな輪を作って結ぶ

ヘアを含めた全長は 21cm

02 輪の大きさはボイリーの中心に来るくらいだとボイリーが固定される

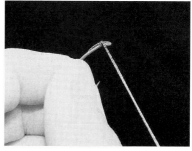

05 アイが切れていないほうから巻き始めるのがキモ

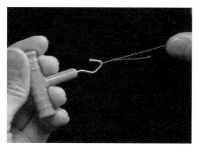

03 作った輪はプーラーでしっかりと引き締める

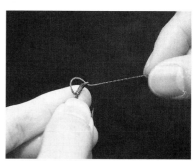

06 ハリ先の延長線辺りまで巻いたら1回ほど巻き戻すようにして端イトをアイの背側から通す

04 ハリスの端イトをアイの背側から通し、セットするボイリーの大きさに合わせてヘアの長さを決める

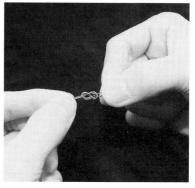

07 端イトを8の字結びにして完成

ヘアを含めた全長は21㎝

# KDリグ

ほとんどノーマルのヘアリグと一緒だが、ヘアを作る過程が少し違う。
ヘアにガン玉を打ち、ポップアップの浮力を調整する。

### 用意するもの

用意するものは、ガン玉、フック、ハリス、プーラー、ハサミ

01 ノーマルヘアリグの作り方1～5までは同じ。2～3回巻いたら、写真のようにヘアを起こし、ヘアを軸に巻き込まないように巻いていく

02 ハリ先の延長線上あたりまで巻いたら、端イトを1～2回巻き戻すようにしてアイの背側から通す。写真のようにヘアが起きる

03 ガン玉をヘアにセット

04 端イトを8の字結びにして完成

ヘアを含めた全長は 25cm

# ブローバックリグ

ヘアを結んだリングをハリ軸に通すことで、ボイリーが遊動になる。
コイがボイリーを吐き出した時にフックが口の中に残りやすい利点がある。

### 用意するもの

フックアライナー、フック、リンクループ、コーティングタイプのハリス、リグリング、プーラー、ハリスのコーティングを剥すのに使うストリッパー、ハサミ

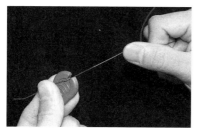

01 ハリスを切り、端イトのコーティングを 15cmほど剥す

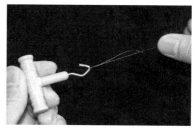

03 プーラーで締め込む

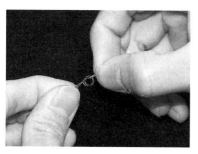

02 端イトに小さな輪を作る

04 リグリングの位置を決める。20mmボイリーを使う時は 3cmくらいにしている

05 2回片結びしてリグリングを固定する

09 端イトからフックアライナーを入れる

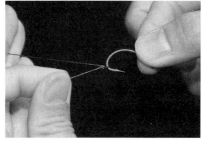

06 ハリ先からリグリングを通す

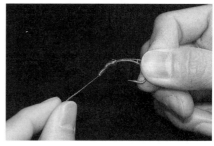

10 フックアライナーをアイ部分に被せる

07 リングの位置を、ベンド部分の終わり辺りにする

11 端イトを8の字結びにして完成

08 端イトをアイの背側から入れて、アイのすき間が空いていないほうから巻き始める。ハリ先の先端辺りまで巻いたら、1回ほど巻き戻すようにして端イトをアイの背側から通す

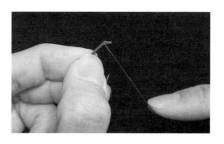

# レッドコアの作り方

芯に鉛を使ったラインであり、絡み防止や、ミチイトをしっかり沈めるために使う。また、ファイト中にコイの背ビレからミチイトを守る役割もある。ミチイトとハリス（ヘアリグ）の間に接続して使用する。

**用意するもの**

レッドコア用ニードル、糸止マニキュア、レッドコア、プーラー、ハサミ

01 レッドコアの芯を10cmほど引き出しカットする。芯は手で簡単に折れる

02 このように鉛の芯が入っていない部分は弛む

03 芯の切れ目から芯が入っていないほうに向かって、ニードルを入れる

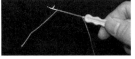

04 3〜4cm入れたところで、刺し抜く

05 ニードルの先端にレッドコアを挟む

06 ニードルを左右にひねりながら、ゆっくり引いて、レッドコアの先端を内部に通して抜き出す

07 輪の大きさを調整しながら、本線を引っ張って縮まった部分を伸ばしてライン先端部を内部に隠す

08 レッドコアを好みの長さに切る（60〜90cmで使用している人が多い）。次の作業に移る前に写真のようにレッドコアを指に何回か巻きつけてクセを付けておく。レッドコアを引き出した時にスルスルとなかの芯が抜けるのを防いでくれる。反対側も2〜8の工程で輪を作成する

09 両端をプーラーを使って締め込む

10 両端を糸止めマニキュアを塗り、乾かして完成

# 【P8～171 釣り場ガイド筆者一覧】

(在住都道府県・所属釣りクラブ等は基本的に『Carp Fishing』記事執筆当時のものです)

伊藤隆博　　（愛知県在住。釣具店「でんでんまる」代表）
鵜木　健　　（北海道在住。野性ゴイ研究クラブ在籍）
乙黒　翼　　（山梨県在住。野ゴイ塾）
金井広宣　　（滋賀県在住）
黒沢　晃　　（埼玉県在住。チームユーロ在籍）
小林美登　　（F・OEW）
宍戸則夫　　（神奈川県在住）
渋谷　薫　　（東京都在住）
染谷修平　　（千葉県在住）
菅原　徹　　（宮城県在住。カープフィッシング専門店「カープロード」代表）
鈴木隆将　　（滋賀県在住）
髙橋富士夫　（岐阜県在住。大鯉研究所）
高山弘峰　　（福岡県在住。クレージーカープ所属）
田島啓介　　（千葉県在住）
槌本州人　　（香川県在住）
戸部純一　　（東京都在住。大江戸鯉道楽会長）
内藤　学　　（山梨県在住。チームユーロ所属）
長澤和久　　（神奈川県在住）
二宮博志
野寺辰雄　　（埼玉県在住）
萩原健一　　（東京都在住。チームユーロ、湘南巨鯉会所属）
馬場一明　　（岐阜県在住。湘南巨鯉会所属）
平吹　亘　　（山形県在住。野ゴイ塾）
福山佑介
藤巻徹也　　（東京都在住）
堀　貴光　　（埼玉県在住）
丸林哲也
丸山陽一　　（東京都在住）
溝川友次　　（三重県在住。野性ゴイ研究クラブ在籍）
三輪真一　　（福島県在住）
森田光昭　　（神奈川県在住。京浜大鯉倶楽部所属）
諸江　博　　（神奈川県在住。大江戸鯉道楽）
安田祐基　　（北海道在住）
吉川雄一　　（北海道在住）
吉村英治　　（岐阜県在住）
若林成享　　（滋賀県在住。江洲釣友会代表。全日本鯉師会「暁の会」所属。Facebookグループ「鯉釣り談義」代表。Facebook online 全国鯉釣り選手権を主催）
鷲　大輔　　（山形県在住。山形巨鯉・野鯉ハンター）
渡辺　武　　（茨城県在住。全日本鯉釣り協会東日本ブロック会長代行。大物道場会長。マルキユーフィールドテスター）

## コイ釣り場特選ガイド

2016年10月1日発行

編　者　つり人社書籍編集部
発行者　山根和明
発行所　株式会社つり人社
　　　　〒101 - 8408
　　　　東京都千代田区神田神保町 1-30-13
　　　　TEL 03 - 3294 - 0781（営業部）
　　　　TEL 03 - 3294 - 0766（編集部）

印刷・製本　図書印刷株式会社

乱丁、落丁などありましたらお取り替えいたします。

©Tsuribito-sha 2016.Printed in Japan
ISBN978-4-86447-094-0　C2075
つり人社ホームページ　http://tsuribito.co.jp/

本書の内容の一部、あるいは全部を無断で複写、複製（コピー・スキャン）することは、法律で認められた場合を除き、著作者（編者）および出版社の権利の侵害になりますので、必要の場合は、あらかじめ小社あて許諾を求めてください。